JN015159

事件報道の裏側

三度のメシより事件が好きな元新聞記者が教える

三枝玄太郎

東洋経済新報社

はじめに

「事件マニア」が新聞記者に

世の中は毎日、たくさんのニュースであふれています。経済ニュース、政治ニュース、国際ニュース……いろいろある中で、私たちに最も身近なのが社会ニュース、とくに事件や事故に関連するニュースではないでしょうか。

「誰々が現行犯逮捕された」「誰々が起訴された」「今日、どこそこで火災が発生し……」喜ばしくはないけれど、人間社会ではどうしてもさまざまなことが起きてしまいます。日常に氾濫するこうしたニュースに、私たちは何となく慣れっこになってしまっているようです。

でも、いざ「現行犯逮捕って普通の逮捕と違うんですか？」、そう聞かれて、皆さんはきちんと説明できるでしょうか。

「逮捕された男は、容疑をほのめかす供述をしている」。ほのめかすとは、何をどうあいまいに話しているのでしょうか。

「警察は認否を明らかにしていません」というような、最近になってよく聞かれるようになった表現もあります。

「命に別条はない」と「意識はある」は、容体に違いがあるのでしょうか？「大規模な捜索」の規模感とは？――。

私は1991年に産経新聞社に入社し、静岡支局を振り出しに、主に警視庁、東京国税局、大阪国税局などいわゆる〝事件官庁〟で記者生活の大半を過ごしました。

学生時代から冤罪事件について書かれた本をノートに丸写ししてしまうくらい、筋金入りの「冤罪オタク」「事件マニア」でした。本当は警察官か裁判官になりたかったのですが、両親に「お前の性格ではきちんと時刻を決められたような仕事は無理だ」と言われ、「それもそうだな」と新聞記者で禄を食むことに決めました（別に新聞記者が時間にルーズで良いわけではないのですが！）。

警察やマルサの「素顔」

新聞記者として現場を駆け回りながら、「被害者の顔写真を入手することの是非」「警察を夜討ち、朝駆けすることの意味」「警察の不祥事を書くと、事件の情報が取れなくなるのか」等々、思うところがありました。しかし、それを披瀝する場もないだろうと思っていたところ、このような本を出版する機会に恵まれました。

本書に静岡、宇都宮といった、私が在籍した地方支局の話が多く出てくるのには理由があります。というのも、東京本社社会部などでは、警視庁、東京地方検察庁、国税庁といった事件官庁から、経済産業省、文部科学省、国土交通省といった霞が関官庁や都庁まで幅広く担当するためです。

記者の仕事も担当する官庁ごとに細かく割り振られます。その結果、取材する内容がどうしても専門化、細分化されてしまうのです。

一方、地方支局では事件、事故はもちろん、裁判、政治、経済から街ダネまで、自分一人の裁量で動けます。ですから、どうしてもそのときのエピソードが多くなっている点はご容赦ください。

取材は、人に会って話を聞く、これに尽きます。組織としての警察とは対立することもありましたが、一人ひとりの警察官は、志が非常に高く、正義感あふれた魅力的な人物ばかりでした。

「沈黙の艦隊」と呼ばれ、口の堅いことで知られる国税局の職員も、近くで接すると、いわゆる徴税人のような冷たいイメージとはまったく違う顔を見せていました。

そんな自分の経験を踏まえ、社会ニュースに関する報道を見聞きしたときに皆さんが感じる〝素朴な疑問〟を解消するためのポイントを、わかりやすく解説したつもりです。

現実はドラマより奇なり

古くは『西部警察』や『太陽にほえろ！』に始まり、『踊る大捜査線』、『あぶない刑事(デカ)』――いつの時代も、警察や刑事をテーマにしたドラマや映画は人気です。どれもこれもエンターテインメントとして傑出した、おもしろい作品ばかりです。

現実の世界は、フィクションに比べれば地味なものです。警察官が銃を抜くことはめったにありませんし、まして警察と容疑者の銃撃戦など、平和な日本ではないに等しいといえるでしょう。捜査員が警察署で捜査の〝秘中の秘〟を教えてくれたりすることもほとんどありません。

しかし、捜査を進め、容疑者を追いつめていくプロセスでは、実に繊細でスリリングなドラマが展開しています。

あっと驚くような結末。刑事の冴えわたる名推理……。記者として、そうした現場をたくさん目撃してきました。事実は小説より奇なりといいますが、まさに現実はドラマより奇なり、といえそうです。

近年、SNSなどでメディアに対する批判をたびたび目にします。「マスコミは警察のリークを垂れ流しにしている」「被害者の顔写真をさらして、二次的なリンチをしている」――。

こうした厳しい見方に対し、メディア関係者はこれまで十分に説明をしてこなかったように思います。それに労力を割く時間がないほど忙しいからかもしれません。

幸い、私は新聞社を辞めて、〆切に追われる生活から解放されました。この本では、私なりの〝マスメディア論〟も書いたつもりです。

もう時効かな、という取材秘話も盛り込んでいます。もし自慢話の披瀝に見えるようでしたら、それは本意ではなく、ひとえに私の筆力不足に帰するところであり、ご批判は甘受いたします。報道現場、事件現場のリアルを少しでも感じていただき、皆さんの何がしかの参考になれば、望外の喜びです。

2024年5月

三枝玄太郎

目次

第2章 取調室では何が起きているのか？

第3章 「命に別条はない」と「意識あり」はどう違う？

第4章　火事や失踪ほど難しい事件はない

第5章

「超」踊る大捜査線
——現実は刑事ドラマより奇なり!?

第6章 事件ニュースが「ぼやけて」きている？

第7章 「夜討ち朝駆け」は風前の灯火か？

第8章 大新聞で事件記事が減っている？

第9章　それでも事件記者は走る

（注）本文中に出てくる年齢や肩書、団体などは、事件当時のものです

第1章 逮捕ってそもそも何なの？

逮捕にはいくつも形がある

「○○署は×日、殺人未遂容疑で、東京都△△区○○の会社員、▽▽××容疑者を逮捕した」

皆さんはこんなニュースを新聞やテレビやインターネットで日々、目にしていると思います。

では、いきなりですが質問です。逮捕とはいったいなんでしょうか？

そんなこと簡単じゃないか。警察が容疑者に手錠をかけることでしょう、と思われるかもしれません。しかし、逮捕とは実はなかなか難しい定義があるのです。というのも、逮捕の〝形〟は一つだけではないからです。

憲法33条にこんな条文があります。

「何人も、現行犯として逮捕される場合を除いては、権限を有する司法官憲が発し、且つ理由となっている犯罪を明示する令状によらなければ、逮捕されない」

これは刑事訴訟法の元ネタにもなっている憲法の大事な条文です。

平たく言えば、警察は通常、逮捕状がなければ、犯罪の嫌疑がある人物を逮捕することができないということです。

逮捕状とは、刑事ドラマでよく「おい、〇〇（容疑者の名前）、お前に逮捕状が出ている」なんて言って目の前に突き出す、あの紙ですね。

ある県で殺人事件があったとしましょう。警察が捜査を開始したところ、Aという人物が被害者の自宅周辺の防犯カメラに映っているのを見つけました。裏付け捜査を進めると、Aの指紋が現場から検出されます。

「こいつで間違いない」。そう思っても警察はAを逮捕できません。逮捕状がないからです。逮捕状とはAの氏名、住所、罪名（この場合は殺人罪ですね）、被疑事実の要旨などが書かれた紙で、これを司法官憲つまり裁判所（地方裁判所か簡易裁判所）に行って発布してもらわなくてはなりません。家宅捜索するときも同じで、裁判所から捜索令状を発布してもらわなくてはいけません。

逮捕状は俗に「フダ」とも呼ばれ、だいたい数時間から半日で発布されるようです。裁判所には当直の書記官が泊まり込んでいて、深夜・早朝でも対応してくれます。昼間は民事裁判や家事裁判などを担当している裁判官も、地方の県などの場合は泊まり込んで対応するそうです。

こう言うと、簡単に逮捕状が発布されるように思われるかもしれませんが、はねつけられることも結構あるようです。証拠が乏しい場合には、裁判官から「捜査が甘いな」と嫌みを言われると聞いたこともあります。私自身、大阪地方裁判所で、明らかに刑事とおぼしき大柄な男性が「判事がフダを出さへんって言うてるんですわ！」と興奮した様子で電話しているのを目にしたこともあります。

ちなみに、逮捕状を示して逮捕することを「通常逮捕」といいます。メディアで報道される事件は、たいていがこの通常逮捕です。

あなたも「逮捕」ができる

ところで、先ほどの憲法33条の「何人も……令状によらなければ、逮捕されない」という一文をもう一度よく見てみてください。何か気づきませんか？

実はこの文には「誰に」という部分が抜けているのです。

どういうことでしょうか。これは、今、この本を読んでいる皆さんも泥棒を逮捕することができるという意味なのです。

あなたはコンビニエンスストアで万引をする男を目撃してしまいました。男はそのまま出て行ってしまいそうです。警察を呼びたいところですが、あたりに交番はない……。そこで、持ち前の正義感を発揮し、店から出たところで男に声をかけます。

男はびっくりした顔であなたを見ましたが、観念して「やりました」と言い、かばんに入れた商品を見せました。この場合、犯罪を見つけたあなたが男を逮捕することができます。逮捕状は必要ありません。これが「現行犯逮捕」です。警察官以外の人が逮捕しているので「常人逮捕」という言い方をすることもあります。

現行犯逮捕は憲法では例外の扱いですが、実際には意外に多いのです。警察庁が1979年1月から1980年6月までの間に全国で発生した金融機関強盗188件を調べたところ、検挙された128人の内訳は、警察官による現行犯逮捕が32・8%、一般人による現行犯逮捕が25・8%もあり、合わせて6割にも達しています。

話を万引犯に戻します。駆けつけたお巡りさんはニコニコ顔です。「ありがとうございます」「いえいえ……」「では、ちょっと署までご同行願えますか」「ちょっと待ってよ、なんで私が警察に⁉」

刑事ドラマでは、署に同行されるのは犯人１人と相場が決まっています。しかし実は、泥棒を現行犯で捕まえて、お巡りさんに引き渡せば終わりではないのです。

私自身、ある年の大みそかの深夜、泥棒を捕まえたことがあります。妻が持っていたアタッシェケースを、通りかかったホームレス風の初老の男がつかんで持って行こうとしたのです。妻が悲鳴を上げたので、気づいた私が追いかけて捕まえました。１１０番で数分後に駆けつけたお巡りさんに手錠をかけられ、男はパトカーに乗せられていきました。

「いやあ、災難だった。さあ帰ろうか」

そう思ったら、「ちょっと署まで来てください」。警察署に連れて行かれ、取調室に通され、たっぷり3時間ほどかけて刑事さんに事情を聞かれました。

これにはれっきとした理由があります。裁判が始まると、現行犯の場合でも、検察は裁判所に「現行犯人逮捕手続書」という書類を出さなければなりません。検察官はこの手続書に目を通してから公判に臨む必要があります。

手続書には逮捕について、そのとき、その場所の状況を詳細に書いておかなくてはなりません。そのため、逮捕した人間にもしっかりと事情聴取する必要があるのです。

緊急逮捕も逮捕状はいらない

私が〝取り調べ〟された日は、大みそかだというのに、警察署にはたくさんの刑事さんがいました。強行犯係長（殺人、傷害事件などの担当警部補）、知能犯係長（詐欺や横領、贈収賄などの担当警部補）、おまけに暴力団の捜査を担当する係長まで勢揃いです。

「明日は正月なのに、こんなに人がいらっしゃるんですか」と聞いた私に、調書を書いていた暴力団担当係長の刑事さんは顔を上げて「ええ、歳末警戒でして」と答えました。

その2週間後、近所のマンションで行方不明になっていた夫婦が、容疑者の自供によって遺体で見つかりました。その捜査が大詰めだったため、年末なのにオールスターキャストだったわけです。私は事件取材を引退してウン年が経っていたころで、事件記者の勘とやらもどこかに置き忘れてきてしまっていたようです。

さて、ここまで通常逮捕と現行犯逮捕の違いをお話ししてきましたが、このほかに緊急逮捕というものがあります。緊急逮捕も逮捕状がいりません。

ある日の深夜、民家が全焼しました。警察官が駆けつけたところ、目撃者が現れました。

「どう見ても中学生くらいの、髪を赤く染めた女の子が民家のそばから出てきたと思ったら、走っていなくなってしまった。すると20秒ほどして、女の子が出てきたあたりから火の手が上がったんです」

逃げられてしまったから現行犯ではありません。しかし、深夜に中学生くらいの髪が赤い女の子なんて、そうそういるものではありません。はたして数時間後、近くの繁華街を管轄する警察署から「赤い髪をした女の子が歩いていたので職務質問したところ、ライターを持っており、『民家に火をつけた』と話したので、逮捕しました」と連絡がありました。

この場合、逮捕状はありませんが、十中八九この子が犯人だろうという警察官の判断で例外的に逮捕することができます。これが緊急逮捕です。

逮捕は意外にされにくい

事件や事故の犯人を、逮捕ではなく「書類送検した」というニュースを目にすることがあると思います。書類送検とはなんでしょうか。

それにはまず、誰かを逮捕するというのは「例外的な措置」だということをお話ししなくてはなりません。おそらく意外に思われるに違いありません。

法務省の「検察統計」によると、2022年に刑事事件として受理された約28万件のうち、逮捕に至ったケースは約11万件にすぎないそうです（身柄率と呼ぶこともあるようです）。実に6割強にあたる17万件は逮捕されていないのです。

あなたが人身事故を起こしたとします。大変残念なことに、相手の方は亡くなってしまいました。そうだとしても、あなたは逮捕されない可能性のほうが高いでしょう。

交通事件の場合、現場から逃げたり、酒気を帯びたりしているなど道路交通法を極端に逸脱する行為がなければ、逮捕される確率は低いのです。

暴行事件も同様です。暴行罪というのは、相手に唾を吐きかけても、胸倉をつかんでも成立します。通報すれば、お巡りさんはすっ飛んできますが、相手はけがをしていませんから、逮捕されない可能性が高いのです。けがをして、診断書を提出すれば傷害罪になりますが、それでも逮捕されないことも結構あります。

以前、私の職場の先輩が飲み屋でケンカして、殴られてけがをしたことがあります。駆けつけた警察に話し合いを促され、結局、治療費を相手方が負担することで示談となり、事件にすらなりませんでした。

まして、仲が良い間柄なのにたまたま虫の居所が悪くてケンカになったような場合なら、当事者同士が和解すれば、そのままお咎めなしになるでしょう。

こういう「事件は起きたが逮捕されていない事件や事故」は、書類だけが検察庁に送られます。これが書類送検です。

その際、警察は、起訴を求める「厳重処分」から起訴を求めない「しかるべき処分」まで、原則として4種類の意見をつけます。起訴とは、裁判で罪が問われるよう検察官が裁判所に訴訟を起こすことです。

いずれにせよ書類送検は、事件の処理を警察から検察に移す〝紙の上の手続き〟にすぎません。先ほどの「逮捕されなかった17万件」は、ほとんどが書類送検だけで済んだケースと思われます。

書類送検のニュースには注意

２０２４年2月16日、お昼のＴＢＳニュースで、「性暴力などの被害に遭った10代少女の支援を行う一般社団法人Ｃｏｌａｂｏ（コラボ）に対し、ＳＮＳ上に嘘の書き込みをして名誉を毀損したとして、警視庁が自称ユーチューバーの男性を書類送検した」という報道がされました。

書類送検された男性は、２０２２年9月、自身のブログで、Ｃｏｌａｂｏについて『10代の女の子をタコ部屋に住まわせて生活保護を受給させ、毎月一人6万５０００円ずつ徴収している』と嘘の内容を記載して、名誉を毀損した疑いがもたれていました。Ｃｏｌａｂｏは『悪い風評が流れ、活動に影響が出た』などとして、２０２３年11月にこの男性を刑事告訴していました。

このニュースはその後、ネットを中心に「ユーチューバーの男性に不公平すぎる報じ方だ」と大炎上しました。なぜでしょうか？　それはこの記事に、大事な点が1つ欠けていたからです。

書類送検には「厳重処分を求める」「相当処分を求める」「寛大な処分を求める」「しかるべき処分を求める」の4段階の意見書というものが添付されることは前項で触れました。これは法律に則った措置ではなく、いわば慣行です。

「厳重処分を求める」と警察が意見を付しても、検察官が不起訴にすることはありますし、その逆もあります。ＴＢＳのニュースには警察がどのような意見を添付したか、という点が書かれていませんでした。

もともと、Ｃｏｌａｂｏとユーチューバーの男性は因縁の関係でした。２０１８年度から東京都の若年被害女性等支援事業の委託を受けていたＣｏｌａｂｏの経理が不当だとして、ユーチューバーは東京都に監査請求をし、２０２３年3月、一部が認められ、Ｃｏｌａｂｏが提出した約１９２万円の経費が否認された経緯があったのです。

このことを受け、Ｃｏｌａｂｏは２０２３年度の補助事業（同年度から委託事業から補助事業に変わりました）の公募を見送りました。Ｃｏｌａｂｏ側からすると、男性の監査請求をきっかけに自分たちの活動が邪魔された形であり、両者は鋭く対立していたわけです。

そこに再び持ち上がった今回の大炎上です。今回はＣｏｌａｂｏが男性を刑事告訴したわけですが、普通、刑事告訴されれば必ず書類送検されます。ですから今回、男性が書類送検されたのも別段変わった話ではありません。

山川選手は意見書付きで報道

ところが、ＴＢＳの報道だと、書類送検された内容がさも確定された事実であり、〝起訴が確実〟であるかのように受け取れてしまいます。

実は、警察の付けた意見書は、上から2番目の「相当処分」でした。相当処分は上から2番目に厳しい意見ですが、起訴、不起訴どちらになるかといわれれば、不起訴になる可能性のほうが高いと思います。

通常、ニュースや新聞が書類送検を報じる際、意見書の内容までは触れません。ただ、今回のようにこじれているケースは別です。起訴される見込みがどの程度あるのか、触れておいたほうが丁寧だと私も思います。

このニュースは産経新聞や朝日新聞も報じましたが、両社とも「相当処分」の意見が付いたことにきちんと触れています。

これに関して参考になるのは、西武ライオンズの山川穂高選手が強制性交容疑で書類送検された事件です。

山川選手は知人女性から「2022年11月に東京都港区のホテルで性的暴行を受けた」として被害届を出されました。被害届は受理され、警視庁が捜査した結果、2023年5月、「相当処分」の意見を付けて東京地検に書類送検しました。

2023年8月、東京地検は山川選手を不起訴処分にしました。山川選手は福岡ソフトバンクホークスに移籍して、活躍しています。不起訴になっても検察審査会で審査されたり、民事訴訟が提訴されたりする可能性もあったのですが、その動きは女性側からも山川選手側からも特になく、沈静化した感があります。

このとき報道各社はほぼもれなく、「『相当処分』の意見を付けて書類送検した」と報じています。通常は逮捕される重罪である強制性交容疑事件であるにもかかわらず、警視庁が山川選手を逮捕しなかったことから「これはおそらく起訴されないのではないか」と考えたのでしょう。そこで、不起訴を〝匂わせ〟する形で、意見書についても報道したのだと思います。

いずれにせよ、どちらか一方の都合がいいように印象操作をした報道をしていると受け取られないためにも、書類送検の報道は、ケースによっては慎重な判断が求められるといえそうです。

逮捕された翌日には出社⁉

逆に言えば、書類送検で済まずに逮捕されるのは、相当のケースだといえるでしょう。逮捕は、被疑者の身柄を拘束する「法的な手続き」でもあります。

逮捕するかどうかは、①証拠隠滅のおそれがあるか、②逃亡のおそれがあるか、が要件となります。常識的な社会生活を送っていて、勤務先がはっきりしていて、家族など身元引受先がしっかりしていれば、強盗や殺人、拳銃を所持していたなどのよほど重大な事件でなければ、意外に逮捕されないものなのです。

もちろんケース・バイ・ケースではあります。先ほど現行犯逮捕のところでお話ししたように、一般市民に身柄を取り押さえられてしまった万引犯はたいてい警察署に連れていかれて留置されるのが常ですし、泥酔して看板を壊したりして、警察官が来ても暴れ回っていたらおそらくは逮捕されるでしょう。朝になったら真っ青になって「どうもすみませんでした」と深々と頭を下げる……なんていうのはよくある話です。

私の知人でも、酔っぱらって電車を乗り過ごしてしまい、降りた駅で自転車を失敬して逮捕された人がいます。ヨタヨタ漕ぎながら交番の前を通りかかった際に、勘のいいお巡りさんが職務質問をしてきたのです。その場で現行犯逮捕され、警察署の留置場で一晩過ごしたそうです。

ただ彼は、翌日の昼には出勤できました。いわゆる「送致前釈放」です。

警察は逮捕から48時間以内に、被疑者の身柄を検察官に送らなくてはいけません。これが「身柄送検」です。ただ、逮捕後すぐに「逮捕の必要なし」として、即釈放する権限もあるのです。

どのような基準で送致前釈放をするかは、実はよくわかりません。犯罪捜査規範130条4項によると「被疑者の留置の要否を判断するに当たつては、その事案の軽重及び態様並びに逃亡、罪証隠滅、通謀等捜査上の支障の有無並びに被疑者の年齢、境遇、健康その他諸般の状況を考慮しなければならない」とあります。

これを読むかぎり、定職があるかないか、住所不定かどうか、前科があるか否かといったことが影響するように思えます。

「処分保留で釈放」は〝時間切れ〟

一方、検察に身柄送検されてしまうとどうなるでしょうか。検察は身柄を原則10日間勾留することができます。さらに最大で10日間の勾留延長があり得るので、逮捕からの身柄拘束は最大で22日間です。原則は拘置所に収容することになっていますが、拘置所だけでは数が到底足りませんから警察署の留置場で過ごすことになります。これが「代用監獄」といって批判の的になることがあります。

22日間が経過すると、逮捕・勾留された被疑者は、起訴されて裁判手続きのレールに乗るか、もしくは釈放されます。

釈放されるときは、「不起訴」と「処分保留で釈放」の2パターンで報じられることが多いと思います。「起訴猶予」というのもあります。

不起訴は、示談が成立し、被害者が処罰を求めなかったり、証拠が不十分だったりしたときに、検察官が「起訴しない」と決めることです。一方の、処分保留で釈放とは、22日間で起訴か不起訴かを決めることができない場合に釈放してしまう措置です。簡単に言うと「時間切れ」です。

タイムアップというだけで釈放していいのかと思われるかもしれませんが、処分保留で釈放された被疑者は、後日、あらためて逮捕される可能性が結構高くなっています。

私が静岡県警担当だったとき、バレンタインの日に女子高校生が殺害され、県警は目撃証言から自動車会社のセールスマンだった男を逮捕しました。ところが男は「女子高校生の家に侵入したのは認めるが、中に入ったときは、女子高校生は死んでいた」と主張したのです。

検察庁は男を処分保留で釈放しました。と同時に、別の日に男が起こした強盗致傷事件で逮捕しました。数カ月してこの男は女子高校生を殺害した強盗殺人罪で再逮捕、追起訴されました。その後の裁判では、男が女子高校生を殺害した事実が認定され、無期懲役の判決を受けて、判決が確定しました。

殺人事件のような重大事件の場合、単に釈放するとそのまま逃げてしまう可能性があります。そこで、別の事件にも絡んでいる場合は、いったん処分保留にして即、別件で逮捕してしまうのです。こうした離れ業は、今でもたまに見聞きします。

ちなみに起訴猶予は、犯罪の事実は明らかだが、裁判を受けさせるまでのことではない、と検察官が判断した場合に行われる「不起訴」の一つです。

再逮捕と追送検、追起訴の違いって？

逮捕の形はほかにもあります。再逮捕です。「県警は殺人容疑で○○容疑者を再逮捕した」というニュースは皆さんもよく目にすると思います。

これと似たようなパターンで、同じ○○被告という人物について「追送検した」「追起訴した」と報じられることがあります。普通は、「ふーん、もう1回逮捕されたり、送検されたりしたのね」とスルーしてしまうのではないでしょうか。

容疑者は逮捕されると48時間以内に検察官に身柄を送られるのでしたね。検察へ身柄送検されると、最大で20日間の勾留、逮捕されてからだと22日間の身柄拘束が認められているともお話ししました。

この22日が満了しても、別に余罪がある場合に再逮捕されることがあります。再逮捕されると今度は48時間以内に追送検されるかが決まり、さらに22日の勾留が認められます。起訴に足りると判断されれば、追起訴されます。再逮捕なしで追起訴というケースもあります。

典型的なのは、たとえば殺人事件で容疑者が遺体をどこかに埋めたケースです。この場合、たいてい最初に逮捕される容疑は死体遺棄容疑というのが相場です。殺人罪の成立には殺意の立証が必要ですし、法定刑も死刑、無期または5年以上の懲役と非常に重罪です。いきなり殺人容疑で逮捕するのは、捜査関係者もためらいがあるのかもしれません。

その点、死体遺棄容疑は簡単といってはなんですが、遺体さえ見つかってしまえば、遺体を遺棄したことの立証は容易です。ですからまずは死体遺棄容疑で逮捕し、22日間の拘束期間中に殺人事件についても並行して捜査して再逮捕すれば、22日+22日で44日間、取り調べの時間を確保できます。

一度に殺人、死体遺棄の二つの容疑で逮捕したという事件は、私は記憶にありません。死体遺棄容疑で逮捕→送検→死体遺棄罪で起訴→殺人容疑で再逮捕→追送検→殺人罪で追起訴、が定番です。

ちなみに追起訴中にさらに余罪が出てきたら、もう一度再逮捕し、追送検→追起訴……を繰り返すことになります。理論上は10回でも100回でも再逮捕しても構いません。ただ、22日×100回＝2200日も勾留するのは物理的に不可能ですし、人権上ありえないでしょう。だいたいは2～3回、多くても5回くらいという印象です。

殺人・死体遺棄と同じようなプロセスをたどるのが、競争入札に関わる贈収賄事件です。それも役所の人間や政治家を逮捕する際に多いのが、競売入札妨害容疑で逮捕→送検→競売入札妨害罪で起訴→収賄容疑で再逮捕→追送検→収賄罪で追起訴、というパターンです。

贈収賄事件は大まかに二つに分けられます。一つは、談合が繰り返されており、そのボス役が有力な市町村長や議員らにワイロを渡しているケースです。もう一つは同じ談合でも、自分だけがその工事を落札したくて、役所の人間や有力議員らにワイロを渡し、予定価格を聞き出すというものです。いわゆる「談合破り」のケースです。

前者は落札価格が予定価格に近接し、後者ならば1社だけが異様に低い価格を提示して落札することが多くなります。

私はどちらのケースも取材したことがありますが、競売入札妨害で先に逮捕されるのは、一つめのケースです。捜査関係者側としては、「もし贈収賄事件として立件できなかった場合でも、最悪、競売入札妨害罪だけで起訴しよう」という肚があります。

長期勾留をめぐる〝大失態〟

さて、22日にせよ、44日にせよそれ以上にせよ、勾留期間中に起訴が決まったとしましょう。あとは裁判所で決着を待つだけですから、それ以上勾留される必要は本来ないはずです。それなのに多くの事件では、起訴されたあとも勾留が続くことがあります。

もしそうなっても、通常は被告人や弁護人などの保釈請求によって、一時的に釈放されます。ただし例外があり、殺人事件のような重大事件や、余罪が多数ある窃盗事件などは、ほとんど保釈は認められません。逮捕と同様に証拠隠滅のおそれがある場合も認められません。

2002年6月に東京地検特捜部にあっせん収賄容疑で逮捕された鈴木宗男衆院議員の身柄拘束は、437日という異例の長期間に及びました。

このときは、「人質司法」「国策捜査」との批判が起こり、保釈を認めない裁判所や勾留を続ける検察庁を弁護側が激しく批判しました。結局、鈴木氏は懲役2年、追徴金110

0万円の実刑判決が確定しましたが、この数年後に決定的な失態が起きてしまいます。

2009年の村木事件です。大阪地検特捜部が村木厚子・厚生労働省雇用均等・児童家庭局長（当時）を逮捕した郵便不正事件で、ご記憶の方も多いでしょう。

事件は村木氏が社会・援護局障害保健福祉部企画課長時に、自称障害者団体に偽の障害者団体証明書を発行し、不正に郵便料金を安く発送させたとして逮捕されたというものです。虚偽公文書作成・同行使容疑というそれほど重い罪ではなかったにもかかわらず、身柄拘束は164日に及び、起訴後も勾留が続きました。

逮捕状の請求のときと同じで、検察での勾留延長には裁判所の許可が必要です。このとき、場合によっては、被疑者は「勾留理由開示請求」という伝家の宝刀を抜けることもあります。公開の法廷で、自分が勾留されている正当な理由は何かを裁判官から説明してもらう制度です。

あまりありませんが、過激派のメンバーが捕まったりすると開かれることがあります。傍聴したことがありますが、弁護人「この逮捕は不当です。被告を釈放しなさい」、裁判官「裁判所は勾留理由を開示する場所ですから、そういう意見を言われても困ります」といった応酬が延々と続き、なかなかカオスな空間でした。

いずれにせよ、犯罪の捜査、解決には、裁判所が関与することによって、警察や検察が暴走しないようなしくみを作っているのです。それでも、村木事件のようなことがあるのが現実です。村木事件は、大阪地検検事が証拠を改竄したことが発覚し、当時の特捜部長らが逮捕されるなど、非常に大きな冤罪事件となりました。

ゴーン氏の高飛び

鈴木宗男氏と村木厚子氏の弁護人は同じ弘中惇一郎氏です。メディアにもよく登場されるのでご存じの方も多いでしょう。弘中氏は「検察官の言う通りに自白をしないと、その罰としていつまでも勾留を続けるということになっていて、これは極めてアンフェアだ」と発言したりしていました。

ところが2019年12月、とんでもないことが起こりました。特別背任や金融商品取引法違反（有価証券報告書の虚偽記載）容疑で東京地検特捜部に逮捕された日産自動車の当時の会長、カルロス・ゴーン容疑者（65）の高飛び事件です。ゴーン氏は保釈後、関西国際空港からビジネスジェットで密出国してしまったのです。

このゴーン氏の弁護人も弘中弁護士でした。

それまでは村木氏の一件もありましたし、仏紙『フィガロ』など海外の報道機関を中心に「ゴーン会長の逮捕・勾留は〝人質司法〟だ」との批判が強まってもいました。身柄拘束は108日に及びましたが、3回目の保釈申請が認められ、保釈された約8カ月後のことでした。

今度は一転、「人質司法批判派」が批判を浴びました。ゴーン容疑者は今もレバノンにいて、無罪を主張しています。外圧に屈して司法判断がなされたようにも見え、釈然としない結果に終わっています。

ゴーン氏は15億円もの保釈保証金を払っていましたが、それでも逃亡することがあるのです。当然15億円は没収済みです。歴史的に有名な「イトマン事件」で逮捕された許永中（きょえいちゅう）被告も公判中の1997年10月に逃亡し、保釈保証金6億円は没収されました。

最高裁や検察庁の統計によれば、全国の地裁や簡裁で保釈が認められたあとに、逃亡や証拠隠滅などの理由で保釈が取り消されたケースは2018年で127件もあったそうです。勾留を続けるのも保釈するのも、なかなか一筋縄ではいかないということでしょう。

2019年6月には、傷害、窃盗、覚せい剤取締法違反などの罪で懲役3年8カ月の実刑判決を受け、保釈されていた男（43）の自宅がある神奈川県愛川町のアパートを7人の検察事務官らが訪れたところ、男が包丁を振り回し逃走する事件が起きています。その後、逮捕されましたが、そもそもこれだけの重大な罪を犯した被告を保釈する必要があったのか、個人的には疑問が残ります。

ちなみに、ゴーン事件のあとに刑事訴訟法が改正され、位置測定端末（ＧＰＳ）を装着させることを裁判所が命じることができる改正刑事訴訟法が成立しています。

「痴漢」に多い誤認逮捕

ここまでで通常逮捕、現行犯逮捕、再逮捕などさまざまな形の逮捕についてお話ししてきましたが、最もあってはいけない逮捕があります。それが「誤認逮捕」です。

誤認逮捕という言葉は、法律には記載されていません。メディアの作った造語です。誤認逮捕は現行犯逮捕に多く、とくに痴漢などで目立つようです。

電車の中で突然、「あなた、痴漢したでしょう！」と迫られたとき、身に覚えがなくても無実を立証すること、しかもその場で立証することは至難の業ですよね。

「痴漢ですと言われたらとりあえず逃げろ」という言説がネットを中心に広まったことがありますが、これはおすすめできません。たとえば線路づたいに逃げると、電車を止め、今度はそちらで賠償責任が生じてしまいます。逃げるということは「逃亡のおそれがあること」を自ら立証していることになり、逮捕の正当な理由にもなります。逃げる途中に自分がけがをするおそれもあります。まずは取り調べに応じ、弁護士に早めに立ち会ってもらい、無実を訴えたほうがベターな気がします。

それはともかく、最も深刻な誤認逮捕事件は、2004年2月に三重県四日市市のスーパー「ジャスコ（現イオン）」で起きた警察官による誤認逮捕事件でしょう。

ATMコーナーで男性（68）と女性がつかみ合いをしていました。女性が「泥棒！」と大声で叫んだため、男性は周囲にいたジャスコの店員と客ら3人に取り押さえられました。女性はその間に現場から姿を消します。通報を受けて、駆けつけた四日市南署員は男性を床に押さえつけ逮捕しますが、男性はその翌日に亡くなってしまいます。

ところが、その後の捜査で、実はこの女性こそが、男性に故意にぶつかって財布を奪おうとしたことがわかったのです。三重県警は防犯カメラに映った女の写真を公開しましたが、2011年2月に窃盗未遂罪の公訴時効が成立しました。非常に後味が悪い結末です。

男性の遺族は損害賠償を求めて提訴し、1審津地裁では880万円、2審の名古屋高裁は、制圧行為と死亡との因果関係を認め、三重県に約3644万円の賠償を命じる判決を出し、確定しています。

客ら3人が現行犯逮捕したと考えれば、駆けつけた警察官が男性を泥棒と誤認してもおかしくはない状況だったとは思います。ただ、少なくとも女の身柄を現場にとどめておくべきでした。

この章の初めに私が泥棒を捕まえた話をしましたが、そのとき駆けつけたお巡りさんも

「お前か！」と叫んで、すぐに手錠を男の両手にはめました。男は何か大声で弁解めいたことを言っていましたが、一切聞きませんでした。通報した私からすれば非常に頼もしく感じたわけですが、もし私が悪意で無辜（むこ）の人を「泥棒だ」と言ったならば、話はまったく違ってしまうのです。

「別件逮捕」の今昔

もう一つ、かつてよくあった逮捕のスタイルのお話をしておきましょう。

「ボス、別件で引きますか？」。1970年代あたりの刑事ドラマではこんなセリフが普通にありました。引くとは逮捕するという意味です。

捜査当局が、ある殺人事件で「あいつが犯人だ」と思っていても証拠が乏しいとき、別の〝ショボい事件〟を無理に事件化して、逮捕してしまう。これが「別件逮捕」です。

勤務先から会社の備品を黙って持って帰ってしまったとか、同僚の自転車を失敬して帰ったとか。どれも普通は事件にしないだろうという感じですが、日ごろから街の鼻つまみ者だったりすると、ちょっと探せばこういう話が簡単に掘り起こされてしまいます。

取り調べでは備品や自転車の話などはもちろんしません。もっぱら〝本丸〟である殺人事件のことを、怖い顔をした刑事さんがガンガン机を叩いて追及する――そんなシーンもドラマではよくありました。

こうした捜査手法は、昭和のころは実際によくありました。ところが、いざ裁判になると、物的証拠が脆弱だったり、ひどいケースでは別に真犯人が見つかったりして無罪になってしまうケースが続発したのです。

別件逮捕の典型例は、1970年10月に東京都大田区で発生した日本勧業銀行（現みずほ銀行の前身の一つ）大森支店宿直行員強盗殺人事件でしょう。

容疑者は猟銃を持って実家の新潟県まで逃げたところを、猟銃の窃盗容疑で逮捕されました。しかし、取調室ではもっぱら窃盗ではなく、強盗殺人容疑について追及していたといいます。

この事件は1審の東京地裁では無期懲役判決が言い渡されますが、2審の東京高裁で逆転無罪となり、検察側は上告するも棄却され、無罪が確定しました。

外国人犯罪は「例外」

こういう例が相次いだため、今は、起訴するに足りる別件でないと、裁判所も勾留を許可しないと思われます。

では別件逮捕は一切なくなったのかというと、例外はあります。外国人犯罪です。

私が経験したケースで説明しましょう。2000年12月、栃木県那須町湯本の山林で胸や腹を刺されたうえ、ガソリンで遺体を焼かれる殺人・死体遺棄事件が起きました。被害者はペルー人の男性。失踪直前に埼玉県羽生市のファミリーレストランで、知人男性ら計5人で飲食した足取りが判明し、その後行方不明になったことがわかりました。

1カ月ほど経った冬のある夜、ある刑事さんの自宅のこたつで驚く話を聞きました。

「容疑者はもうわかっているんだよ。そいつの車のトランクから被害者の指紋が見つかったからね」

普通、車のトランクから人の指紋は見つかりません。しかし、そこに人を監禁したり、殺害して押し込めたりした場合は別です。

「その容疑者、国に逃げたんですか?」「いやもう捕まっているよ。入管難民法違反でね」

入管難民法というのは、正式な罪名を出入国管理及び難民認定法といいます。入管難民法違反とは、つまり「不法滞在」です。この容疑で警察は容疑者をすでに逮捕し、容疑者の乗用車を押収していたのです。

別件逮捕ではありますが、こういう場合、違法かどうかは微妙なところです。

警察が殺人事件の捜査で証拠を固める間、放っておいては出国されてしまいます。犯罪人引渡協定がある国ならいいですが、南米の場合はありません。そこで別件逮捕となるわけですが、これは裁判所も大目に見てくれているようです。

「可能性もあるとみて」と「関与したとみて」の違い

もう一つは、先ほども触れた1992年のバレンタインデーに静岡県焼津市で女子高校生が絞殺遺体で見つかった事件です。

犯行時刻と思われた時間帯に、この家に黒いフェアレディZが止まっているのを複数の近所の人が目撃しており、焼津警察署の捜査本部は翌日、フェアレディZの持ち主である自動車ディーラーの男を強盗殺人容疑で逮捕しました。

ところが男は「自分はたしかにその家に行ったが、すでに女子高校生は誰かに殺害されていた。自分は驚いて現場から逃げただけだ」と言います。警察は困ってしまいました。そこで、殺人事件の前日に同じ焼津市で起きていた、やはり女性を狙って家に押し入った強盗致傷事件の容疑で逮捕し、強盗殺人事件のほうは静岡地検が処分保留にします。

本来、容疑者の男は釈放されて、いわゆるシャバに出られるはずだったのが、別件で逮捕され、留置場に逆戻りというわけです。

このとき、ある新聞社が「別件逮捕に批判の声」という見出しで、捜査当局を非難する記事を書きました。私から言わせると、これは少し的が外れています。

というのも、このケースは別件逮捕というには少し無理があるからです。「別件」である強盗致傷罪は無期または6年以上の懲役という重罪ですから、それだけでも逮捕する意義は大いにあるわけです。

そうはいっても、裁判所はこの場合、本件の強盗殺人事件で追及することは原則として認めません。ただ、家に押し入って、未成年の女性を縛るという二つの事件の手口が酷似していたため、警察は「関連を追及する」という建前で、強盗致傷に加えて強盗殺人容疑も追及するという作戦を取ったようです。結局、男は無期懲役の有罪が確定しました。

ちなみにこういうとき、メディアは「警察は○○さん殺害事件に関与した疑いも視野に調べています」とか、「○○の事件に関与した可能性もあるとみて」という報じ方をします。記者としては取材しながら内心では「窃盗で捕まっているけど、殺人事件もやっているんだろう」と思っているので、このように書くわけです。

基準があるわけではないのですが「可能性もあるとみて」は「関与したとみて」などという表現よりはかなり抑えた表現になっています。これは万一、立件が不十分で釈放してしまった場合に「犯人の可能性もあると思ったけど、そうじゃないとも思っていたんだよね」とエクスキューズするための方便ですね。

告訴と告発の違いとは？

ところで、逮捕も書類送検もされていないけれど、「この人が、こんな悪いことをした」と告訴されたり告発されたりしてニュースになることも結構あります。

告訴と告発。漢字で書けば1字しか違いません。事件を日ごろ扱っている記者でも、二つの違いを即答できる人は案外少ないかもしれません。

日本司法支援センター法テラスのホームページでは「告訴とは、告訴権者が捜査機関に対し犯罪事実を申告して、犯人の処罰を求めること」と解説されています。

告訴権者とはどういう人がなるのでしょうか。刑事訴訟法230条から233条にはこう明記されています。①犯罪被害者、②被害者の法定代理人、③被害者が死亡した場合、その配偶者・直系親族・兄弟姉妹、④被害者の法定代理人が被疑者、被疑者の配偶者、被疑者の4親等内の血族もしくは3親等内姻族のときは、被害者の親族、⑤死者の名誉を毀損した罪については、死者の親族・子孫。

あれ？　かえってややこしくなったかもしれませんね。

②の法定代理人とは、本人が未成年の場合の親権者です。未成年後見人、成年後見人なども含みますが割愛します。要するに、未成年者が犯罪にあったときは、親御さんが代わ

りに告訴できたり、被害者が亡くなってしまったときは家族や親族が告訴できたりするということです。直系親族とは自分の先祖、子孫のこと。自分の配偶者の先祖、子孫は直系親族ではなく直系姻族といいます。

では、告訴が必要なのはどんな犯罪でしょうか。一つ目は「絶対的親告罪」といって、過失傷害罪、未成年者略取誘拐罪、名誉毀損罪、器物損壊罪などです。誘拐に告訴が必要なのは意外かもしれません。

二つ目はその反対の「相対的親告罪」です。特定の犯罪において、犯人と被害者との間に一定の身分関係がある場合に告訴が必要になってくる犯罪です。例を挙げると、窃盗罪、詐欺罪、横領罪、不動産侵奪罪、背任罪などです。

親族間トラブルで告訴は成立しにくい

刑法244条1項にこういう条文があります。

「配偶者、直系血族又は同居の親族との間で第235条の罪（窃盗罪）、第235条の2の罪（不動産侵奪罪）又はこれらの罪の未遂罪を犯した者は、その刑を免除する」（カッコは筆者注）

また刑法244条2項にもこんな条文があります。

「前項に規定する親族以外の親族との間で犯した同項に規定する罪は、告訴がなければ公訴を提起することができない」

……何のことかさっぱりわかりませんね。どうして法律の条文はこんなに難しく書いてあるのでしょうか。

つまりこういうことです。18歳のドラ息子が、おばあちゃんがせっかく貯めた年金を盗んで、その金でバイクを買っていた場合、罪にはなりません。2人は直系親族だからです。これを親族相盗例といい、刑法244条1項に当たります。

一方、刑法244条2項に当たるのはこんなケースです。

義母の家に遊びに行って横になっていたら、別居しているはずの義父が入ってきます。義父は、仏間にあった、あなたが所有する現金20万円が入った封筒を持って行ってしまいました。この場合は直系親族でもなければ、同居の親族でもありません。ですからあなたが告訴すれば、配偶者のお父さんは逮捕されます。

息子が悪友にそそのかされて、家から現金を持ち出した場合はどうでしょうか。これは悪友が逮捕される可能性が高いです。同居をしていない兄弟の場合は、告訴をすれば罪に問われる可能性があります。

このように、家族間や親族間のトラブルでは、告訴は成立しにくいことがおわかりいただけるでしょうか。

これが親族ではなく、会社の従業員に会社のお金を持ち逃げされたようなケースだと話は変わります。会社の事業主（社長さん）は、先ほどの、①犯罪被害者であり告訴権者になれます。警察に告訴状を出し、受理してもらえれば捜査してもらえます。逆に言えば、詐欺、横領、背任などは告訴がないと警察は動いてくれません（相対的親告罪）。

普段のニュースでは、横領絡みで告訴をされたという話が多いように思います。

当事者なら告訴、第三者なら告発

一方、告発に関するニュースで最も多いのは、何といっても国税局査察部（通称マルサ）関連でしょう。

たとえばこんな感じです。

「実際の収支とは異なる過少な所得を申告し、法人税など約３８００万円を脱税したとして、東京国税局査察部が企業情報システムのコンサルティング業務を手掛けるＡ社とＢ代表（49）を法人税法違反容疑で東京地検に告発したことが27日、関係者への取材で分かった。関係者によると、Ｂ代表は売上高を実際よりも少なく計上し、２０２２年３月期までの３年間で計約１億５７００万円の所得を隠した疑いが持たれている」（『時事通信』２

023年4月27日の配信記事より。一部、匿名にしてあります)。

私も国税担当の記者をしていたとき、告発に関する記事を何十、何百と書きました。告発とは、告訴権者以外の者が捜査機関に犯罪事実を申告して、犯人の処罰を求めることです。ちょっと乱暴ですが、後輩記者や他人に説明するときは「当事者なら告訴、第三者なら告発になる」と言っていましたね。

マルサのほかに、公正取引委員会も結構な頻度で告発をします。

「東京オリンピック・パラリンピックの運営業務をめぐる談合事件で、公正取引委員会は、広告最大手の『電通グループ』や業界2位の『博報堂』など6社が、総額430億円余りの業務を対象に不正な受注調整を行っていたとして、法人としての6社と、大会組織委員会の元次長ら合わせて7人を独占禁止法違反の疑いで刑事告発しました。これを受けて東京地検特捜部は28日、6社と元次長らを起訴するものとみられます」(『NHKニュース』2023年2月28日の配信ニュースより)といった感じです。

公正取引委員会には犯則審査部という部署があります。談合事件などでもとくに悪質な事件を、刑事告発を前提にして調査するところです。裁判所の許可状を得たうえで、臨検(現場まで出向いて立ち入り検査する)、捜索を行い、必要な物件を差し押さえる権限があります。新聞やテレビではこれを「強制調査」と呼んで、大きく報じます。警察や検察の家宅捜索は「強制捜査」、金融庁や公正取引委員会は「強制調査」と分けているようです。

これらは刑事訴訟法239条2項にある「官吏又は公吏は、その職務を行うことにより犯罪があると思料するときは、告発をしなければならない」という条文に基づいたものです。官吏、公吏とはつまり〝お役人〟ですが、そうではない一般市民も告発することはできます。告発は誰でも行う権利があるものです。

なぜ警察は告訴状を受け取りたがらないのか

ですから、市民団体が告発に踏み切る次のようなケースもあるわけです。

「首相公邸内で記念撮影する不適切な行動で、政務担当秘書官を辞職した岸田文雄首相の長男翔太郎氏について、市民団体『税金私物化を許さない市民の会』のメンバーが15日、建造物侵入の疑いで東京地検に告発状を提出した。告発状では、昨年12月に公邸に立ち入って忘年会を開催し、階段で記念撮影をしたり、公務用のスペースで飲食したりしたなどと指摘。公的な手続きを取ったり、首相が了解したりしなければ、翔太郎氏が出入りすることは許されないと主張している」(『東京新聞』2023年6月15日配信記事より)

ちなみに告訴や告発はどれくらい起訴（裁判で罪が問われるよう検察官が提起すること でしたね）されるのでしょうか。2022年の検察統計によると、告訴7571件、告発

2910件に対し、起訴に至ったのは告訴が17・8％、告発が29・0％だそうです。告訴に関連して言うと、「告訴状を警察に提出しようとしたのに、受け取ってくれない」という話をよく聞きます。

同じように、被害を受けたことを申告する形として「被害届」がありますが、こちらは受理されなかったというのはあまり耳にしません。両者にはどういう違いがあるのでしょうか。

実は、警察は被害届を受理したところで、捜査しなくても構いません。一方、告訴はいったん受理してしまうと、捜査を完了させ、送検しなければなりません。

わかりやすく言うと、被害届は「これこれこういう被害を受けました」という〝報告〟であり、告訴は「これこれこういう被害を受けましたので、犯人の処罰を求めます」という〝要求〟なのです。

私がかつて暴力団の取材をしていたときの話です。自宅の郵便受けに「お前の行いをやめろ。天罰が下るぞ、いつも見てるよ」という文言の脅迫状を投げ込まれ、被害届を出しに地元の警察署に行ったことがあります。

副署長は鑑識課出身で気合満々、刑事課の鑑識係の係員が私の家まで数人来てくれ指紋を採取し、私も指紋を取られました。ところが肝心の暴力団担当の暴力団捜査係長が「受理できる段階ではない」と言って、がんとして被害届を受け取らないのです。結局、捜査はそこで終わってしまいました。

どうも、はっきりと脅迫をする文言ではなかったことから、「逮捕したとしても起訴できそうもない」と判断し、被害届を受理しなかったのだろうと考えられます。

被害届ですら事案によってはこんな感じですから、告訴はもっとハードルが高いのです。

「それは民事の問題です」

警察が告訴状を嫌がるのは、単に「仕事が増えるから」というわけではなさそうです。というのも、告訴の中身が警察の管轄外であることが往々にしてあるのです。

たとえば不動産売買に関するケースを見てみましょう。Aさんと売主との間に売買契約が結ばれているのに、後からやってきたBさんが売主と売買契約を結び、先に不動産登記を備えてしまいました。この場合、Aさんが「詐欺だ」と言って、売主やBさんへの処罰を求める告訴状を警察に持って行っても、十中八九拒絶されると思います。

不動産の世界では、二重譲渡は往々にしてあることで、Bさんや売主が背信的悪意者でないかぎり刑法犯罪は成立しません。つまりこのケースはあくまで民事の問題。警察の管轄外なのです。

しかも背信的悪意者、つまり、確信的にAさんに被害を与えようとしてやった行為であることをAさんが立証しなければなりません。Aさんは「そんなことは警察が立証すればいいじゃないか」と言うかもしれませんが、「それは民事の問題です」と、まず請け合ってくれないと思います。

ちなみに告訴に関しては、「虚偽告訴罪」という罪があります。

2008年2月1日夜、大阪市天王寺区の大阪市営地下鉄御堂筋線を走行中の地下鉄車内で、女性（31）が男性会社員（58）に痴漢されたと訴えました。車内にいた男子大学生（24）が「痴漢をしただろう」と男性を捕まえ、警察に突き出したのです。

会社員の男性は無実を主張します。警察は会社員を逮捕し、勾留しますが、翌日の夕方に釈放しました。先ほどの自転車泥棒の話でも出てきた送致前釈放です。

警察は「犯行を見た」という目撃証言がバラバラなのに不審を抱き、女性にスカートの任意提出を再三求めました。「もう嘘はつけない」と観念した女性は阿倍野署に自首します。実は、女と大学生がでっち上げた痴漢冤罪事件だったのです。2人は逮捕されました。容疑は虚偽告訴でした。

虚偽告訴罪は3カ月以上10年以下の懲役とかなり重い罪です。この事件で大学生の男は懲役5年6カ月の実刑判決を受けています。被害者役の女は自首したことが考慮されたのか、懲役3年執行猶予5年と刑務所行きをなんとか免れました。

ちなみにこのとき、阿倍野署が男性会社員を翌日夕方まで拘束したことが「阿倍野署の誤認逮捕」だとして批判を浴びました。

しかし、これは誤認逮捕ではなく、通常人による現行犯逮捕だと思います。すでに逮捕されてしまっている容疑者の身柄を警察官が引き取ったにすぎません。

「お巡りさん、痴漢を捕まえました。たしかに見ました」と言われているのに、「証拠が乏しいから」といって放免してしまったら、今度はそちらのほうが問題になるでしょう。

指名手配犯がおそれる「的割りさん」

逮捕に関連して最後にもう一つ、指名手配についてお話ししておきましょう。

テレビのニュース速報で「警察は○○容疑者を全国に指名手配した」とテロップが流れることも少なくありません。その人物が犯行を起こしたのは、ほぼ間違いないものの、すでに行方をくらませてしまった場合に指名手配がなされます。警察庁Ｗｅｂによれば、指名手配されている犯罪者は２０２３年8月末時点で約５４０人に上ります。

指名手配されると、強盗や殺人などの容疑者は、各都道府県警の末端の交番の警察官にまで顔写真と名前、犯罪の種類など必要な情報が行き渡ります。組織的殺人やテロといったさらなる重大犯罪になると、「特別指名手配」される制度もあります。

　1995年に発生した地下鉄サリン事件の容疑者らが特別指名手配されたケースは記憶に新しいですが、昭和40年代に世情を騒がせた連合赤軍事件では53人にも及ぶ容疑者が特別指名手配され、49人が逮捕されています。

　こうした指名手配と特別指名手配のうち、警察が報道機関を通じて「指名手配した」などと広報するケースが「公開指名手配」です。写真付きのポスターが大量に作成され、広く情報公開を求めます。ただそれはほんの一部で、多くはポスターも何も作成されていない〝知られざる〟指名手配犯です。

　2007年からは捜査特別報奨金制度も始まりました。警察庁が指定した容疑者の逮捕につながる情報を提供した市民に、上限額300万円の範囲で、国から報奨金を支払うものです。「特別に必要がある場合」は1000万円まで増額できます。期限は1年ですが、ほとんどの場合は、逮捕されるまで延長または短縮しているようです。

　この制度がまだなかった1982年に、愛媛県松山市で発生したホステス殺人事件、いわゆる福田和子事件が起きました。整形して逃亡を続けていた福田容疑者はもう少しで時効というときに、居酒屋店主らの通報をきっかけに逮捕されました。このとき、被害者の遺族らが報奨金を支払うと呼びかけていたことが、その後の報奨金制度導入を後押ししたといわれています。

福田和子事件は一般人の通報が逮捕につながった、いわば指名手配の〝効果〟がいかんなく発揮された例ですが、指名手配容疑者を逮捕することが一番多いのは、実は警察官です。

2017年の話ですが、警察庁による指名手配容疑者の捜査強化月間期間中、何と410人の指名手配犯を逮捕したことがあります。そのうち251人は立ち回り先の捜査による逮捕でした。立ち回り先とは、容疑者が手配されたあとに立ち寄りそうな、実家や友人、知人の家などのことです。ほかにも見逃せないのが、職務質問で発見したケースが39人、雑踏などで発見したケースが36人いたことです。

警視庁や大阪府警などの都市部を管轄する大規模な警察には、人の顔を覚えるのを得意とし、指名手配犯の逮捕を専門にする手練の捜査員がいるそうです。

警視庁は捜査共助課、大阪府警では捜査共助課見当り捜査班、愛知県警は刑事特別捜査隊、福岡県警は刑事総務課にそうした捜査員が配置されています。

大阪府警では2017年、見当り捜査班の班長に全国で初めて女性が任命されました。大阪府警は見当り捜査の専門家を育成した全国初の警察です。現在では北海道など全国10の都道府県に専門部署があります。

彼ら彼女らは通称「的割りさん」とも呼ばれます。ある的割りさんがテレビ番組で取り上げられているのを見たことがありますが、犯罪者の顔写真が貼られた手帳をつねに持参していました。指名手配犯が一番出くわしたくない人でしょう。

2024年1月26日、驚愕すべきニュースが報じられました。1974年から1975年にかけて起きた連続企業爆破事件で特別指名手配されていた過激派「東アジア反日武装戦線」のメンバー、桐島聡（70）と名乗る男が神奈川県警に名乗り出たのです。桐島容疑者は末期の胃がんを患っており、神奈川県の病院に入院していました。

桐島容疑者は「内田洋」と名乗り、神奈川県藤沢市で住み込みの建設作業員をしていたのです。藤沢の街にも溶け込み、音楽好きで人付き合いのいいおじさんとして知られていました。50年近くの長期間、特に人を避けるでもなく、近くの銭湯でも顔なじみだったそうです。

TBSが特報した桐島容疑者の近影を見ても、手配写真とは似ても似つかない人物に変貌していました。

東アジア反日武装戦線は「腹腹時計」という爆弾製造マニュアルを作成して、メンバーに配布していました。その中では、「あらゆる面で肥大化した都市機能、雑踏を最大限に活用し、隠れ蓑としなくてはならない」と説き、「極端な秘密主義や閉鎖主義で生活すると、むしろ墓穴を掘る結果となるので、表面上はごく普通の生活をする人に徹する。近所付き合いは浅く、狭く。隣人の挨拶は不可欠」と書かれているそうです。

警視庁公安部が男のＤＮＡ鑑定をした結果、桐島容疑者だと断定されました。彼は１９７５年に東京・銀座で発生した韓国産業経済研究所爆破事件などに関与したとして、指名手配されていました。同様の事件で指名手配されており、桐島容疑者と同じ明治学院大に通っていた東アジア反日武装戦線のメンバーＵは7年逃走しましたが、東京都内の新聞販売店で働いていたところを警視庁に逮捕され、懲役18年の刑を受けました。Ｕは今でも冤罪事件の救援活動をしているといいます。

50年逃げ切った桐島容疑者。的割りさんでも見抜けなかった特別指名手配犯だったわけです。

「事件を後悔している」と警視庁の捜査員に語ったという桐島容疑者ですが、健康保険にも加入できず、末期になるまで手当てもできず、結婚もあきらめ……そんな人生を思うと、死の直前まで逃げ切ったことが〝勝利〟といえるのかはなはだ疑問です。服役を終えていれば、少なくとも数十年は自由な時間があったはずです。

第2章 取調室では何が起きているのか？

「容疑をほのめかす供述」とは？

逮捕の種類を一通りご紹介したところで、ここからは捜査や取り調べにまつわるニュースの知られざる裏側についてお話ししていきましょう。

「○○容疑者は容疑を認めています」とか「○○容疑者は容疑を否認しています」という言い回しをニュースで耳にする方も多いと思います。これは文字通り、容疑を認めているか、認めずに否定していることを指しますが、では次のこれはいかがでしょう？

「○○容疑者は容疑をほのめかす供述をしています」。認めているのか、いないのか、ちょっとはっきりしませんよね。これは「供述調書」の存在がカギになっています。

あなたが仮に犯罪の嫌疑をかけられて、警察に逮捕されてしまったとしましょう。

「おい、お前、やったのか正直に言え」と刑事はあなたを責め立てます。実は会社の上層部が関与しているとあなたは知っているのですが、それをしゃべってしまったら解雇されてしまうかもしれない。しかし、目の前にいる刑事はさっきからバンバンと机を叩いて追及してくるし、証拠も握っているようだ。どうしよう、もう楽になりたい……。

あなたは一計を案じます。「そうだ、ここは認めてしまって、あとで『本当はこういうことでした』と言い訳すればいいや」。

「やりました。ええ、私がやりました」

「じゃあ、誰に頼まれてやったんだ」

「いや、それはわかりませんねえ」

「詳しく話せ」

いやはや、時間を稼ぐつもりが、とんだ藪蛇になったかもしれません。警察からすると、単に「やりました」と言われただけでは、自白をしたことにはなりません。

こういう場合、対外的には「容疑をほのめかす供述」と発表することになります。

調書が巻けない！

別のケースもあります。

暴力団捜査を担当している刑事がよくこんなことを回想します。
「○○の奴、『俺がやった』って容疑は認めるんだけど、調書を巻かせてくれねえんだよな」。巻くというのは、供述調書を作成することです。なぜそう呼ばれるようになったのかはっきりしませんが、江戸時代以前は調書が巻物だったからではないかといわれています。容疑は認めるけれども、供述調書という形に残るようにはさせない。こうなると、警察としては困ったことになるのです。

逮捕された容疑者は供述調書を取られます。供述調書は大別すると「員面調書」と「検面調書」の2種類があります。

警察官は法律用語でいうと「司法警察員」なので、警察員の「員」を取って員面調書、検察官が作成する供述調書は検察官の「検」を取って検面調書です。

どちらの調書も正式に裁判所の公判廷に提出されます。乙号証と呼ばれ、罪状の確定や情状に大きく影響する大事な証拠です。

ところが、暴力団関係者の場合、多くの場合は犯罪慣れしていますし、しかも上層部の組長を巻き込んだ事件だったりすると、下手にペラペラとしゃべろうものならシャバに出たあと命すらあやうくなりかねない……。そう考えて、調書を巻かせないよう画策することがあるのです。

具体的にはどうするのでしょうか。供述調書は、自白が本人の意思に基づいてなされたかという「任意性」と、供述が事実かどうかという「信用性」の二つがそろっていないと証拠価値がありません。ですから調書の末尾に容疑者が氏名を自署（サイン）するのが普通です。そこで、サインを拒否し、自分の供述に任意性を持たせないようにするのです。

もっとも、これを延々と続けて、ほのめかしを続けるのは骨が折れます。最終的に全面的に自供するケースもあれば、否認に転じたり、黙秘したりすることもあります。いずれにせよ逮捕された初期の段階で、口頭では容疑を認めるものの、書面の形で証拠として残る形にならない、あるいはさせない状態になっているのが、容疑をほのめかす典型的なパターンだと考えて差し支えないでしょう。

ほのめかしと似た表現に、「○○容疑者は認否を留保しています」があります。このように報じられた場合は、「認めるとも認めないとも言っていない」状況です。容疑者が「弁護士が来るまでしゃべらない」と主張しているのが典型的なケースです。

容疑者の「自称」とは？

ほのめかしと多少関連しますが、逮捕のニュースで「自称・不動産業の○○容疑者は……」と報じられることがありますね。

「自称」とはいったいなんでしょうか。「自称じゃなくて、ちゃんと調べろよ」という声が聞こえてきそうですが、これも警察なりの事情があります。

容疑者が逮捕され起訴されて、裁判所に舞台が移ると、検察官が冒頭陳述というものを読み上げます。その際、「身上・経歴」という項目があり、容疑者（起訴されたあと裁判になると被告）の生まれ、育った地方、環境、家族構成、学歴、職歴などが明らかにされます。

このことを想定して、警察は住民票で住所を確認し、身上経歴に関する供述調書（身上経歴供述調書）に謄写・添付したり、会社員ならその会社から在籍証明書のようなものをもらったりします。自営業者ならば、登記簿謄本を添付するのが普通です。

ただ、逮捕した時点では、こうした手続きが間に合わないことがよくあります。しかもたとえばブローカーのように、仕事の実態がよくわからなかったり、日ごろブラブラしているように見えて、一攫千金的に大商いをすることがあったりする人物の場合、無職なのか職業があるのか、警察としても判断に迷うときがあります。

そうした場合、容疑者が取り調べで「自分は不動産業です」と言ったとしましょう。会社のホームページも存在しないし、登記簿謄本をとっても該当がないが、まったく事業実態がないわけでもなく、近所の人も「不動産をやっているらしいですよ」程度のことは言っている……。裏付けはまだ取れていないが、とりあえず本人がそう言っているから「自称・不動産業」としておくか、となるのです。

自称・無職、自称・会社員、自称・会社役員などが多いですが、中には自称・水墨画講師、自称・占い師、自称・牧場作業員など、「たしかに確認に時間がかかるわな……」というケースもあります。

なぜ警察は認否を明らかにしなくなったのか

ここ最近とみに目につくようになったのが「警察は容疑者の認否を明らかにしていません」という報道ではないでしょうか。おそらくこの5〜10年のことだと思いますが、正確にはわかりません。

では、それ以前は、容疑者が容疑を認めているか否認しているかスパッと明らかになっていたかといえば、答えはノーです。

警察は事件を解決したり、事件を摘発したりすると「レク」といって、記者を集め、逮捕事実や状況を説明します。レクとはレクチャーの略ですね。

警察署であれば副署長や次長といったナンバー2の広報担当幹部が、県警本部であれば課の次長（警視庁であれば理事官又は管理官）が説明者となります。世間の耳目を惹くような大きな事件だったりすると、東京や大阪以外の警察では記者会見をしたりします。

東京や大阪ではよほどの大きな事件でないと記者会見はしません。もし会見する場合は、トップである警視総監や大阪府警本部長が同席することが多いようです。東京でいえば、1963年に発生した吉展ちゃん事件の犯人、小原保の逮捕、1968年の連続ピストル魔、永山則夫の逮捕、1979年の三菱銀行立てこもり事件の犯人、梅川昭美の射殺など、非常に耳目を惹く事件が解決した際に記者会見を行いました。

今、思い返しても取材が大変だったのは、贈収賄事件や横領や背任などの企業犯罪、選挙違反、詐欺などの知能犯罪を扱う捜査二課の会見でした。

「容疑者はどういう供述をしていますか」

「お答えしません」

「認めている?」

「言えません」

「ワイロの額はいくらと見ていますか」

「捜査中です」

こんなやりとりが延々と続くのです。あとでも触れますが、贈収賄事件などの場合、供述内容がマスコミに漏れることを極端に嫌います。容疑者が認めているか否かは秘中の秘、なかなか明かそうとしません。

このような調子では、容疑者の認否を記事にできません。ただ、当時は「仕方ないな」とあきらめるだけでした。では、なぜ最近は新聞やテレビで「警察は容疑者の認否を明らかにしていません」という表現が増えたのでしょうか。

現役の事件記者に聞いたところ、「おそらく東京地検特捜部がレクで『認否を明らかにすることはできません』って言い始めたのが、警察全般に広がったからじゃないですかね。それを、メディアもそのまま記事にするようになったんじゃないかな」という答えでした。

刑事訴訟法47条をタテに……

聞いた相手が特捜部担当を経験した記者だったこともあるかもしれませんが、たしかに東京地検特捜部というところは、何かと新しいことを始めたがる傾向があります。意に沿わない報道や、前打ち報道をしたメディアを「出入り禁止」にするのも特捜部が始めたそうです。

特捜部が新しいことを始めると、それを見た警察庁キャリアが真似をして、都道府県警察の現場のノンキャリア幹部がさらにそれを真似る……という具合に、全国に広がることが多くあります。「認否」の件も特捜部が発祥ではないかというわけです。

この事件記者によると、検察庁の幹部は記者に対し、何かにつけて「刑事訴訟法47条があるから、認否については話せない」と強調するのだそうです。刑訴法47条には「訴訟に関する書類は、公判の開廷前には、これを公にしてはならない」と書いてあります。

私からすると、公にするというのは「供述証拠をそのまま閲覧させること」であって、単に容疑者の認否を明らかにすることは「公にしてはならない書類」には当たらないのではないか、という気もします。しかもこの条文には「公益上の必要その他の事由があつて、相当と認められる場合は、この限りでない」とただし書きもあります。

報道は公益に資するものですから、47条うんぬんはしょせん検察幹部の屁理屈にすぎません。実際は先に述べたように、供述が証拠の柱となるような捜査にとっては「認めているか、否認しているか」が漏れただけでも捜査に支障があると考え、レクでもそう言い始めたというのが本当のところではないでしょうか。

ちなみに、暴力団が関与した犯罪も、供述を得るのが難しい捜査です。とくに共犯者が多い場合、誰が容疑を認めて、誰が事件の核心を供述していて、はたまた誰が否認しているかが報道されると、服役を終えたあとなどに「お前、そうそうに認めたそうじゃねえか。覚えてろよ。ただで済むと思うなよ」ということで、身に危険が及ぶ可能性すらあります。

この場合もやはり「認否を明らかにしていません」とレクされることが多いと思います。

取調官にとっても、認否をあいまいにしておくことは利点があります。「共犯の○○は否認しているが、お前はどうなんだ」と言うより、「お前はそうやって否認しているけれども、〜〜っていう話もあるぞ」と、共犯の誰かが供述していると匂わせることで、「まずい、このまま否認していると自分が一番悪かったことにされかねない」と焦って、供述を始めることも考えられますからね。こうした、真実に迫るためのテクニックとして、「匂わせ」や「ちらつかせ」はままあるようです。

私が体験した「取調室」

警視庁担当をしていたころ、赤坂警察署に呼び出され、取り調べを受けるという貴重な体験をしたことがあります。

産経新聞の記者クラブに1本の電話がかかってきたのが始まりでした。

Mと名乗る男は「産経の横浜総局の記者に昔、ひどい目に遭わされた。聞いてくれ」と話し始めました。しばらくすると「実は今、KKCというところで働いているんだが、法務室長と赤坂警察署のKという刑事が共謀して、いろいろと悪事を働いている。ぜひ、あんたに暴いてほしいんだ」と言うのです。

KKCとは当時、赤坂にあった経済革命倶楽部という怪しげな団体です。「ここに、KKCの機密書類が入ったアタッシェケースがある」とも言うので、とりあえず会いましょうか、ということになりました。

当時、警視庁生活経済課がKKCに家宅捜索をし、捜査が進行していました（最終的に会長の山本一郎らが詐欺容疑で逮捕され、懲役8年の実刑判決が確定しました。出所しましたが、亡くなったそうです）。

この事件の家宅捜索を私は特落ちしてました。特落ちとは、他社にスクープされることです。読売と日経にすっぱ抜かれました。Mの言うことが本当であれば、一矢報いることになります。Mからアタッシェケースを受け取った私は勇躍、警視庁記者クラブに戻り、1本の原稿を書きました。

ただ、気になることがありました。アタッシェケースを開けたとき、1冊の預金通帳が出てきたのです。数千万円単位の残高がありました。「さすがにこれは警視庁に渡したほうがいいか……」。そう思い、その日のうちに警視庁生活経済課の課長室に向かい、課長にかくかくしかじか、と事情を説明したうえで任意提出しました。

ことはそれで終わったと思っていたのですが、数カ月して赤坂警察署刑事課から電話がかかってきます。「あなた、Mからアタッシェケースを受け取ったそうですね。その件でちょっと署までお越し願いたいんですが」。嫌な予感がしました。不安げな私の様子を心配してくれたのか、キャップの宮本雅史さんがついてきてくれることになりました。

取調室に入れられ、椅子をすすめられました。座るやいなや、刑事に「僕、何か犯罪になることとしましたかねえ。贓物故買（盗品を買い取ること。現在は盗品等有償譲受罪）か何かですか？」と聞きました。すると、50代後半くらいのベテラン刑事はいきなり机を拳で叩き、「お前、わかってんじゃねえか！」と怒鳴るではないですか。

取調室のドアは開けっ放し

緊張で少し震えていた私ですが、怒鳴られると「何だと、この野郎」という向こうっ気が出て、逆に冷静になりました。

「どちらにしても僕は参考人じゃないですか。任意だったら帰ります。帰ったら、乱暴な取り調べを受けたって弁護士に言いますから」

すると私より少し年上の刑事がお茶を持って、文字通りすっ飛んできました。「まあまあ、ブンヤさん、そんなこと言わないで、お茶でも飲んでよ」

ドアは開いていました。そういえば、大みそかに泥棒を捕まえて警察の取調室に行ったときも、ある事件の情報提供に葛西警察署に行ったときも、やはりドアは開けっ放しでした。被疑者でないかぎり、取調室のドアは閉めないようです。心理的に圧迫しますからね。最初は私も「どれくらいの時間、調べるんですか」「早く帰りたいなあ」と不安にかられていたのですが、取り調べ担当の刑事がくれた名刺を見てひっくり返りそうになりました。なんと、K刑事と同じ名字だったのです。

「K刑事って実在していたのか……」。ようやく話す気になった私は、「実はKKCが、赤坂署のKという悪徳刑事と共謀していると聞いて……」と供述し始めたのですが、おかしなことにK刑事は調書を取ろうとしません。

「なんで書いてくれないんですか」

「そんなことは調書に書けない」

「いや、僕がMからアタッシェケースを預かった動機の根幹部分ですから。調書に書いてもらわないと僕の無実性がわからないじゃないですか。書かないなら今夜は赤坂警察に泊まります。絶対に帰らない」

早く帰りたいと思っていたのに「意地でも帰らない」とかたくなな気持ちになってしまったのです。最終的にはK刑事が折れました。調書は最後、本人に読み聞かせをしてくれます。「いろいろと悪評のあるK刑事が……」と、当のK刑事が話しているので笑ってしまいました。K刑事は「こんな話、嘘だからな。情けなくて、女房、子どもにも言えねえよ」

とぼやいていました。

Ｋ刑事が共謀していたか、いなかったかは藪の中です。

調書に指印をして自署し、外に出るともう真っ暗でした。６時間ほど経っていました。待っていたはずの宮本さんの姿もなくなっていました。

警察はどうも、私がＭに「そのアタッシェケースを持ってこい」と指示したと疑っていたようです。例のアタッシェケースはＭが盗んできたものらしく、もし私が指示したうえで、現金などの報酬を渡していたら、盗品等有償譲受の容疑で逮捕されていたと思います。

ドラマの取調室は嘘だらけ？

ドラマでは、よく取調室にライトがあり、否認する容疑者の顔に当てたりしますが、これは実際にはありません。被疑者などが暴れたりすると困るため、必要最小限のもの以外はなく、机にはアルミ製の灰皿だけが置いてありました。「記者さんは吸うかい？」と聞かれましたが、喫煙者ではないので断りました。

取り調べはたいてい刑事２人一組で行います。殺人事件の場合ですと、１人が脅し役（厳しく追及する役）、１人がなだめ役に回ることが多いようです。

１９５４年に山口県で発生した一家６人殺害事件、いわゆる仁保事件では、取調室の様子を録音したテープが公開されましたが、刑事が「仏にすがれ、のう」とか、「僕にまかしなさい」とか「弱い心でどうする」などといろいろな角度から追及を試みていました（金重剛二『タスケテクダサイ』理論社、浜田寿美男『自白の心理学』岩波新書より）。

なお、赤坂署では6時間の間にお茶は出されましたが、カツ丼は出ませんでした。警察ドラマの至宝『太陽にほえろ！』で下川辰平さん演じる長さんが、容疑者に「カツ丼でも食うか」というシーンが再三放映されたため、取調室といえば、カツ丼というイメージが私もあります。

食べたいときは、自腹です。刑事のポケットマネーで買い与えると、のちのち公判で「自供欲しさに利益供与したものだ」と、自白調書の任意性までが疑われてしまうからです。

「黙秘します」は得？　それとも損？

ところで、取り調べで黙秘することは犯罪者、容疑者にとって得なのでしょうか、損なのでしょうか。

警視庁のある刑事が「取り調べのコツ」を開陳してくれたことがあります。彼はいわゆる強行犯（殺人、強盗、誘拐、放火などの凶悪事件）を担当する刑事でした。殺人の最高刑は死刑ですから、容疑者も必死なんだそうです。「警察がどれくらいの証拠をつかんでいるのか、向こうは〝値踏み〟しているんだな。こちらの手の内を明かすタイミングが悪いと、『よし、警察はこの程度しかわかっていない』と元気になって、否認されちゃうんだよ」。

私の知人の話ですが、失業期間中にアルバイトをしたのがなぜか露見してしまい、公共職業安定所に呼ばれたときの話です。職安の担当者に「給与の振り込みに使う銀行口座の明細を提出してください」と求められましたが、その際ぽろっと「まあ、提出することを強制はできないんですけどね」と口を滑らせてしまったために、この知人は否認を貫き通せたそうです。このケースは犯罪でも黙秘でもありませんが、調べられる側というものは〝逃げる糸口〟を決して見逃さないものなのです。

黙秘が被告人に有利に働いた事件といえば、代表的なのは1984年に札幌市で起きた城丸君事件ではないでしょうか。

雪の日に資産家の次男の男児（9）が、自宅にかかってきた電話を取ったあと「ワタナベさんの家に行く」と言って行方不明になった事件です。嫌な予感がした男児の母は、男児の兄にあとをつけるよう言ったのですが、兄はアパートの近くで弟を見失ってしまいます。

地元の警察は身代金目的誘拐の可能性も視野に捜査しましたが、男児の行方は杳としてわかりませんでした。

ところが2年以上経って動きが起きます。北海道新十津川町にある飲食店従業員の女性（31）の自宅が焼け、夫が亡くなりました。その際に物置から人骨が発見され、それが札幌で行方不明となった男児のものだったのです。女性は事件発生当時、男児が姿を消したアパートに住んでいました。

北海道警は1998年、公訴時効ぎりぎりのタイミングで女性を逮捕します。実は、女性は事件当初から容疑者として浮上していました。しかしすでに死体遺棄罪や死体損壊罪は時効が成立していました。札幌地検は殺人罪で起訴しましたが、捜査でも公判でも女性は容疑事実を否認、それどころか裁判では検察官の一切の質問に黙秘で通し、結果、1審の札幌地裁、2審の札幌高裁とも無罪判決が言い渡され、女性は晴れて自由の身となったのです。

もしこの女性が犯人なのであったら黙秘権が功を奏したことになります。事件発生直後に女性のアパートに警察が踏み込んでいれば、事件は早期解決したかもしれません。

捜査二課の刑事が一番怖い？

警察の取り調べというと、「やっぱり捜査一課が一番きついんだろうな」と思っていませんか。捜査一課は、殺人事件の捜査をする部署です。ドラマや映画に出てくるのも、たいてい捜査一課ですね。

私の印象では、捜査一課は人によって差がある気がします。一方、窃盗犯を担当する捜査三課は、温厚そうなタイプが多いといわれます。私も警視庁などを回ってみて、それはそうだろうという感じでした。

では、取り調べが苛烈なのはどこかと聞かれれば、迷わず捜査二課と答えます。先ほども出てきた、贈収賄など知能犯罪を扱う部署です。知能犯罪と聞くと、何となくインテリっぽくて、取り調べも事務的にサクサク進めるのではと思うかもしれませんが、実際は逆です。

警視庁担当だったころに知り合った、二課が長い刑事さんがこう話してくれたことがあります。

「容疑者は市役所の課長さんとか、県議や市議などの政治家だろ？　いつも威張っているタイプが多いからな。取調室でえらそうにされたら、こっちも商売にならないんだよ。力関係をわからせるために、最初に一喝することにしていたね」

中には、椅子に座布団を乗せてカサ上げし、見下ろすような姿勢をあえて作り出す刑事さんもいたそうです。

ただ、彼らも趣味で怒鳴ったり見下げたりしているわけではありません。殺人や窃盗などに比べ、贈収賄のような犯罪は物的証拠がなかなかありませんから、供述こそが〝証拠の王〟になります。本人からいかに話を引き出すかが勝負。ですから、ときに威圧的になることもあるのです。

もちろん、きつい態度を取るばかりではありません。ある刑事さんは公職選挙法違反(供応、現金買収)で逮捕された容疑者(70歳代の町議だったそうです)の取り調べに当たり、彼の人生を一から調べ直したといいます。特攻隊員で生き残ったこと、周囲には「悪いとは思っているが、支持する国会議員を当選させるためには仕方がない」と話していたことを突き止めます。

「これは落ちるな」

その刑事さんは、もともと戦闘機に興味があったため、取り調べ最初の1~2日は容疑者が乗っていた戦闘機の話をずっとしていたそうです。かたくなな姿勢を見せていた容疑者も雑談に応じるようになり、最後には「刑事さんは俺のことをそんなに調べてくれていたんだな」と言うようになります。

ころ合いを見計らって、刑事さんは「あんた、自分が悪いことをしているということを自分が一番わかっているじゃないか。いくら皆で決めたことだと突っ張ったって、仕方ないじゃないか」と一喝したそうです。そして「○○さん（町議の名前）、ヤクザの仁義も辛いよな」と語りかけると、実直な町議はポロポロと涙を流しました。

その日はいったん帰宅させたそうですが、翌朝、家に迎えに行くと、老町議は目を真っ赤にしています。おそらく昨夜はほとんど寝ていないな。「これは落ちる（自供する）な……」と確信したそうです。

「でもね、ほかの容疑者が自供していなかったんだ。俺の（受け持ちの）容疑者だけが、あんまり早くしゃべるのも何だな、と思ってさ。だから俺は『まだしゃべんなくていいよ』、町議さんは『いや、しゃべらせてくれ。本当のことを言いたいんです』と、押し問答になってさ。笑っちゃったな」と懐かしがっていました。ちなみに、この刑事さんも「知能犯の取り調べは絶対に自分が上に立たないとダメだな。主導権があっちに行っちゃうから」とのことでした。

ただ、贈収賄事件は年々減少しています。警察庁の「白書」によると、今から約10年前の2014年には73人、2018年にも74人が贈収賄容疑で捕まっていますが、2023年は36人で半減しています。ここ5年ほどはほぼ横ばいで推移しています。理由は定かではありませんが、先ほどもお話しした村木事件が影響しているという人もいます。

大阪地検特捜部の現職検事が逮捕されたわけですが、これをきっかけに、地検側が慎重のうえにも慎重になったという見立てです。「物的証拠が乏しいと地検の検事が受けてくれない」とぼやく県警の捜査二課の刑事もいます。世間の〝コンプライアンス強化〟の流れもあって、贈収賄そのものが減ったのかもしれません。

大阪府警「マル暴」の伝説的恐ろしさ

殺人事件の捜査をする捜査一課と並んで、ドラマや映画によく出てくるのは、暴力団の犯罪捜査を行う捜査四課ですね。ヤクザ相手に一歩もひるまない職人集団です。

テレビのニュースにも、暴力団事務所を警察が家宅捜索する様子が映ることがあります。私はこれを見るのが趣味に近いほど好きで、ユーチューブでつぶさにチェックしています。おもしろいのは、どこの警察が家宅捜索に入るかによって、大きな違いがあるということです。最も派手で、テレビ映えがいいのは群を抜いて大阪府警です。

ちょうど大阪社会部に勤務していた2005年11月の話です。夕方、MBS毎日放送を見ていたところ、山口組極心連合会（大阪府東大阪市、2019年に解散）組長の自宅を大阪府警が家宅捜索をした、というニュースが流れました。

強制執行妨害容疑で逮捕された組長は、家宅捜索を察して組員を座り込ませていたそうです。しかし、警察はものともせず、大柄な暴力団組員を投げ飛ばしてずんずんと中に入っていくではありませんか。ワイシャツ姿の組員が、金網にガシャーンと音を立てて投げ飛ばされる〝修羅場〟には、見ていて衝撃を覚えました。

大阪市西成区にある山口組弘道会吉島組の事務所を家宅捜索したときの荒れっぷりも、ものすごいものがあります。「大阪や！」「はよ、開けんかい！」と怒鳴り散らす捜査員の様子は、「どっちがヤクザか分からん」という題でユーチューブにアップされ（これもMBSテレビのニュース映像）、3年間で何と3790万回以上も視聴されています（2024年3月現在）。

警視庁の刑事さんが、大阪府にある暴力団の組員を取り調べていたときの話をしてくれたことがあります。刑事さんがタバコを忘れて刑事部屋まで取りにいこうと立ち上がったところ、容疑者があからさまにビクッと震え上がり、顔をさっと手で覆う仕草をします。「何だ、どうしたんだ？」「殴られるんじゃないかと……。それか、道場にでも連れて行かれるのかと思って」。

こりゃあ、大阪府警の調べは相当迫力があるんだなと思ったそうです。「大阪は大変だねえ」と同情するそぶりを見せて、ちゃっかり、かなり核心まで供述させたんだけどね、とこの刑事さんは自慢していましたが。

家宅捜索は「ショー」的な要素も

たしかに、大阪と東京とではカラーが真逆といいますか、警視庁の家宅捜索はかなり紳士的です。山口組落合金町連合を家宅捜索した際のフジテレビの映像がネット上に残っていましたが、暴力団のほうがいきり立って「開けらんねえよ、この野郎！」と敷地内から怒鳴り続けるのに対し、外で待機した捜査責任者（高尾警察署員）は「開けなさい」「私と話をしよう。私が責任者だ」と冷静です。

あくまでも主観ですが、捜索の過去映像を見たかぎりでは、怖い順に大阪府警＞福岡県警＞岐阜県警＞北海道警＞静岡県警・警視庁その他……といったところでしょうか。福岡県警も全国唯一の特定危険指定暴力団である工藤會が管轄にいますからね。福岡県警の家宅捜索も迫力があります。

ちなみに「家宅捜索はテレビ映えがいい」と言いましたが、警察もメディアに映ること前提で家宅捜索することが結構あります。いわば一種の〝ショー〟であり、逆に、極秘裏に行うのが〝ガチ〟の捜索というわけです。

森功『大阪府警暴力団担当刑事「祝井十吾」の事件簿』（講談社）の登場人物である大阪府警捜査四課の刑事は、「（大阪）府警のガサは本気ですからね。警視庁とか兵庫県警なんかは、事前に向こうに『ガサを入れるから』と連絡をする。抵抗せんよう話し合いができているらしく、もめることはほとんどありません」と話しています。

暴力団の組事務所や幹部の自宅には、土佐犬などの闘犬や凶暴な生き物が飼われていることがかなりあります。静岡県警の刑事に聞いた話ですが、あるガサ入れの際、やはり立派な土佐犬がケージの中で飼われていたそうです。捜査員が「ここはいいか……」と帰ったら、後日、犬のお腹の下に拳銃が隠してあるのが判明し、大騒ぎになったといいます。以来県警では、闘犬がいる場合は、あらかじめ組員にケージから出してもらって捜索するのだ、と言っていました。マスコミのカメラの前で噛まれるなんて、警察の威信に関わりますものね。

霊媒師に頼る刑事さん

「ここは一家惨殺事件が起きた現場である……」

オカルト系のサイトで、廃屋や廃ビルの写真などが並んだ「心霊スポット」集のようなものがあります。いかにも幽霊が出そうで、怖い話好きの人たちには人気のようです。

実際は、限界集落にあるただの空き家だったり、所有者が夜逃げしただけのビルだったりして、そんな血なまぐさい事件など起きていないケースが大半です。

一方、現実に起きた殺人事件で「幽霊が解決した」と語り継がれる事件があります。１９７１年に、群馬県でわずか２カ月の間に女性８人を殺害したシリアルキラー、大久保清（１９７６年に死刑執行）による連続殺人事件です。

大久保容疑者が警察の調べに自供したきっかけは、「留置場で寝ていると、被害者の幽霊が現れて自分の首を絞める」というものでした。

大久保容疑者は逮捕された当初、市街地にある前橋警察署に留置されていました。ところが「無実なのに警察にでっち上げられた」と言い張り、「警察への復讐」と称してなかなか自供しません。

しかも留置場内ではほかの容疑者が「大久保さん、がんばれ」と励ますので、余計に意を強くしてしまう始末です。そこで群馬県警は大久保容疑者の身柄を前橋から少し離れた松井田警察署（今の安中警察署松井田分庁舎）に移します。ここは事件が少なく、留置人は大久保だけでした。

最初のうちは「前橋より涼しくていいや」とうそぶいていた大久保容疑者が、翌朝、目を真っ赤に腫らして取調官にこう訴えたそうです。

「昨日は眠れなかった。殺した女の亡霊が夢枕に立った。『早く出して、早く出して』と言うんだ。布団の中にも入ってきやがった」

県警は、松井田警察署からほど近い補陀寺（ほだじ）の住職にあることを頼みます。「午後6時に鐘をついてください」。これが効きました。大久保容疑者はさらに怖がって「あれ、なんとかならないか。ああいうのは苦手なんだ」。おまけに留置場では一人きり。静寂に耐えられず、みるみるやつれていったといいます（小池壮彦『幽霊は足あとを残す』扶桑社）。

ある日、げっそりとやつれて取調室に現れた大久保容疑者は「ほかにも殺したんだ。その被害者が昨日、出てきて『私が先だ』って言って首を絞めるんだよ」と余罪も自供しました。

こういう話はたまにあります。東北地方や北関東では、今でも霊能力があるといわれる人のもとに刑事が訪れてきたりすることがあるそうです。

証拠能力はもちろんありませんが、犯人がまったくわからず捜査が難航していると、警察も霊能力者にでもすがりたくなることだってあるのではないでしょうか。2005年、栃木県に住む女児が誘拐され、茨城県内で遺体で発見された事件があったときも、捜査員は霊能力者といわれる女性宅を訪れていたそうです。

栃木県警担当だったとき、「取調室の真下で若い刑事が線香を焚く」という話を教えてもらったことがあります。線香の煙が取調室まで上がったのを見計らい、取り調べ担当の刑事がおもむろに遺影を見せて自供を迫るのだそうで、昭和のころはよく行われた捜査手法だということでした。もちろん今では、威迫（いはく）（脅し）と捉えられ、違法捜査に当たる可能性が高いので行われていないはずですが……。

幽霊が事件を解決？

幽霊を利用して、事件を解決に導いた刑事さんもいます。警視庁で長く少年事件捜査に携わり、当時、綾瀬警察署の少年係で刑事をしていたK警部補です。警視庁の少年事件課でも名刑事の誉れが高い人でした。

１９８９年3月29日、東京都江東区若洲の工事現場に放置されたドラム缶の中から、女子高校生のコンクリート詰めにされた遺体が発見されました。高校生は１９８８年11月25日夕方、埼玉県三郷市を自転車で走行中、少年グループに目をつけられ、東京都足立区綾瀬にあった少年のうち1人の家に連れ込まれると、約40日間にわたり壮絶な集団リンチを受け、殺害されます。

実はこの事件を当初、警察はまったく把握していませんでした。にもかかわらず、K警部補らが犯人を突き止めたのです。

K警部補は当時、別の事件を追いかけていました。１９８８年11月、東京都足立区綾瀬のマンションで母子が殺害された未解決事件です（のちに3人の少年を逮捕、無罪に当たる不処分が確定)。「事件現場の近くで中学生くらいの少年たちが懐中電灯を回していた」などの目撃証言があり、東京少年鑑別所に入っていた少年Aのもとを訪れたのです。

K警部補の前に現れたAは顔面蒼白でした。

「これは当たりだ。Aが綾瀬母子強盗殺人事件の犯人だ」と確信したK警部補は、「A、人を殺しちゃダメじゃないか。君のうしろに幽霊が見えるぞ」と言ったのです。

Aは歯の根も合わぬほど、ガタガタと震え出しました。

K警部補はすかさず「ここに君が殺した人の名前を書いてみろ」と1枚の紙を差し出しました。ところが、Aが書いたのは、綾瀬母子事件の被害者とは違う名前でした。警視庁は、この失踪事件を把握しておらず、K警部補も「誰だ?」と一瞬混乱したものの、平静を装ったといいます。

照会すると、埼玉県で行方不明になっている女子高校生の名前だったのです。あの大事件が発覚した裏には、こんな偶然がありました。

「あのとき、こちらから被害者の名前を口にしなくてよかった。手の内を明かすことになって、Aは何も言わなかったかもしれない」とK警部補は回想していました。

先の大久保清事件に関しては、私もこんな話を聞きました。

産経新聞社会部の特命を帯びて、容疑者の取り調べ写真を撮りに前橋警察署に向かったのが、私の初任地・静岡支局でデスクをしていた小野義雄さんです。小野さんはカメラマン時代、連続企業爆破の容疑者逮捕を撮影したスクープ写真で東京写真記者協会賞を受賞し、その後、警視庁担当記者になってもスクープを連発しました。「事件の小野」と称された、会社でも有名な方です。

小野さんは前橋警察署に着くと、昼のうちに警察署の出入口にある庇(ひさし)に身を潜め、夜になるのを待ちました。容疑者の取り調べが行われていると見込みをつけた部屋まで、5㎝ほどしかない細い足場をつたって忍び歩き、中を覗くと、目当ての大久保清がそこにいます。

「おい、大久保!」。そう声をかけて、ビクッとして小野さんのほうに視線を向けた大久保容疑者の姿を写真に収めました。

『やった!』と思ったんだよ。たしかに撮ったんだ。ところが会社に戻って現像したら何も写っていなかったんだよ」。事件取材でも、たまに不思議な出来事が起こります。

防犯カメラが捜査を変えた

最近、事件担当記者と食事に行ったりすると、必ず話題になるのが「防犯カメラは捜査を変えたな」という話です。ついでに「防犯カメラのせいで、事件が減ったな」という話にもなります。

私がかつて担当をしていた栃木県警の例で見てみましょう。２０２２年の犯罪認知件数は８８８３件、検挙率は約42％でした。私がいた約20年前の２００２年はおおむね４万件、検挙率は20％程度しかありませんでしたから驚きの差です。

当時は年8～10件くらい捜査本部が設置されていました。捜査本部は重要事件で容疑者の目星がつかないときに設置されます。ほとんどが殺人事件です。

余談ですが、事件記者はニュースを見ただけで犯人がわかると言ったら、皆さんは信じますか。「そんなことあるわけないじゃないか」と思うでしょうか。

たしかに誰が犯人かまではわかりませんが「これは親族か近所の人が犯人じゃないか」までは、まあまあの確率でわかります。

たとえば、２０２２年のクリスマスに埼玉県飯能市美杉台の住宅で、夫婦と、実家に帰省していた会社員の娘さんの３人が無残にも殺害された事件では、飯能署に特別捜査班が組まれましたが、捜査本部は設置されませんでした。

私はX（旧ツイッター）のアカウントで、「この事件はすぐに捕まる」という趣旨のツイートをしました。

被害者の一家が車を何者かに傷つけられる被害に悩んでいた、という報道もあり、車に傷をつけたか、日ごろからこの一家につきまとっていた近所の人物が犯人ではないか。しかも、捜査本部がないということは、警察も容疑者を把握しているという目算がついたわけです。

実際、その日の夜に、近所に住む無職の40歳の男が逮捕されました。

話をもとに戻しましょう。栃木県の治安は私が担当していた2000年当時はかなり悪く、重要事件犯罪発生件数は全国でも上位でした。「人口当たりの凶悪事件件数は大阪府に次いで2位」という記事があったのも覚えています。人口200万人程度の県にしてはやけに忙しいな、と思っていたものです。

失業率と犯罪には相関関係があるという説がありますので、日本の失業率をちょっと見てみましょう。2002年には5・4%で過去最高となり、その後漸減します。ところがリーマンショックなどもあり、2009年には再び5・1%へ上がり、2014年にやっと3%台に落ち着きます。

栃木県では2003年ごろをピークに犯罪は減少傾向に転じたので、失業率と歩調を合わせた動きです。ただし、リーマン後にも犯罪件数は増えていません。そしてちょうどこのころから、街の至る所で防犯カメラを見かけるようになります。

割れ窓理論の普遍性

〝不夜城〟〝犯罪の街〟と呼ばれる新宿区歌舞伎町には、現在でも40を超える暴力団事務所があります。この街でも、2003年ごろから防犯カメラが設置され、今では55台のカメラの映像が警視庁生活安全総務課生活安全カメラセンターに送られ、24時間体制の監視が行われているそうです。その結果、「歌舞伎町で年間2000件あった刑法犯の認知件数は、（中略）今では半分以下の水準で推移する」と、2018年11月13日号の『日経ビジネス』が紹介しています。防犯カメラ恐るべしです。

「割れ窓理論」という有名な言葉があります。1990年代の米ニューヨーク市長、ルドルフ・ジュリアーニの実践から広がりました。1枚の割れた窓ガラスを放置しておくと、さらに別の窓ガラスが壊され、やがて街全体が荒廃する、という意味です。

実は警察庁は、かつてこの割れ窓理論の〝逆〟に舵を切ったといわれたことがあります。「軽微な事件に人を割くよりも重大な事件を解決しよう」というわけです。ところが、重大犯罪があとからあとから発生するようになり、検挙率も下がってしまいました。

1998年ごろ、私が警視庁捜査一、三課担当をしていたころは、「目撃証言に代わるものがないか。都会の無関心をなんとかできないものか」という捜査幹部のぼやきをよく耳にしました。

当時は一晩の間に都内で捜査本部が三つも立ったことがあるくらいで、一課の捜査員は忙殺されていました。1年に20件ほど捜査本部が設置されるので、1カ月どころか2～3カ月家に帰れない刑事もめずらしくなく、当時の捜査一課長付きの運転手（捜査一課の若手刑事が務めます）は、過労のためか、亡くなってしまったほどです。

一課担当記者は1年でお役御免となりましたが、その間も迷宮入りの事件が非常に多かった記憶があります。

それが今では、捜査本部事件は全国で27件、福岡県警で3件、警視庁、大阪府警、兵庫県警などの6都府県警でたったの2件しかありません（2021年）。信じられないことです。やはり、小さな事件であっても防犯カメラでしっかりと把握し、丁寧に潰していくことが大切なのでしょう。

リレー捜査の威力

防犯カメラの増加に伴い、警察の映像解析技術の進化も目を見張るものがあります。

その実力を知らしめたのは、2011年1月、東京都目黒区で80代の夫婦が自宅に押し入ってきた強盗に襲われ、殺傷された事件です。

警視庁は1カ月後、福島県いわき市の男（65）を殺人と殺人未遂容疑で逮捕しました。男と殺傷された夫婦には面識はありませんでしたが、男が犯行後、ＪＲ東京駅前からいわき行きのバスに乗ったことを防犯カメラの追跡捜査から特定したのです。

このような捜査を「リレー捜査」といいます。

２０２１年８月、東京メトロ白金高輪駅で発生した硫酸を使った傷害事件でも、リレー捜査が注目されました。午後9時ごろ、改札を出て２番出口に向かうエスカレーターの踊り場で、22歳の会社員がうしろからつけてきた男に小瓶に入った硫酸をかけられたというものです。最初の報道では、男は40～50代とみられ、身長１７５㎝くらい、黒い野球帽をかぶり、右手に白い手袋、白いマスク姿ということでした。

『読売新聞』が当時の捜査一課の追跡捜査を詳しく報じています。

現場に到着した警視庁捜査一課の初動捜査班の班員は、駅の防犯カメラに映った男の姿をもとに前足班と後足班に分かれて捜査を開始します。

前足とは犯人が犯行を遂行する前の経路などを調べること、後足とは犯行後に逃げたルートのことです。

前足班は「男は被害者を尾行してきた」と考え、被害者が乗車した赤坂見附駅の防犯カメラを重点的に調べたところ、改札の外から男性のあとをつけるように駅構内に入っていく男の姿を捕捉しました。

防犯カメラを巻き戻すと、男は午後6時に丸ノ内線で赤坂見附駅に着いていたことがわかります。つまり一度、赤坂見附駅から外に出て、再度、改札に入っていたのです。

今度はどこから丸ノ内線に乗ったか調べると、新宿三丁目駅でした。さらに、高速バスターミナルのある方向から駅に歩いている男の姿が映ったビデオを捜査員が確認します。こうして「犯人は上京してきた男では？」との推理が初日のうちに立ったのです。

カメラ映像×推理の力

一方、後足班は白金高輪駅周辺の防犯カメラ映像を調べました。すると、着衣は異なっていましたが、似た男が手を上げている姿が、隅のほうに映っているのを捜査員は見逃しませんでした。

「この男では？　犯行後、タクシーに乗ったのでは？」。係長は「品川駅から新幹線に乗ったかもしれない」と推理します。

はたして係長の推理は当たっていました。タクシーを降りて、品川駅の新幹線切符売り場で切符を買う男の姿が映っていたのです。ＪＲに照会すると、切符は静岡行きです。

被害者は当初「犯人に心当たりはありません」と話していたのですが、捜査員から静岡と聞いて思い当たったのでしょう。「琉球大学時代の先輩に静岡出身の人がいました」。捜査員が自宅に駆けつけると、タッチの差で、一度自宅に帰った男は再び新幹線で西に向かっていました。

「土地勘のある沖縄に逃げたのではないか」

まさに、男は中部国際空港から那覇空港行きの飛行機に乗っていました。事件発生から約86時間後、琉球大学からわずか５㎞しか離れていない公園で、男は警視庁の捜査員に身柄を確保されました。

警視庁捜査一課の幹部は「着衣を変えていた容疑者がタクシーに乗ったことを見逃さなかったことが大きかった」と回想しています。カメラの映像をただ追うだけでなく、状況から判断し、足取りを推理する洞察力も必要だということです（２０２１年10月８日『読売新聞オンライン』より）。

こうなってくると、メディアとしても、防犯カメラの映像を入手しようと血眼になります。テレビで「容疑者の姿」として報じられるものの中には、しばしば警察提供のものではなく、民間から提供されたものがあります。

第3章 「命に別条はない」と「意識あり」はどう違う？

「命に別条なし」は元気ということ？

ここからは、事件や事故に関するニュースについてお話ししていきましょう。

よく、被害者の安否に関して「命に別条はない」とか「意識はある」と報じられることがあります。

命に別条はないというのは、傷があったとしても急所を外れていたり、かすり傷だったりして、その後もまず容体は変わらないだろうという場合によく使われます。

一方の「意識はある」は、現場に駆けつけた救急隊員や警察官の問いかけに対して答えることができている状態と考えられます。つまり、ごくまれですが、搬送されたあとで容体が急変する可能性が残っているということです。

何か定義があるわけではないので絶対にそうだと言い切れるわけではないのですが、私が事件原稿を書く際には、このような意識で使いわけをしていましたし、周囲の記者もおおむね同じだったように思います。

一方、「重傷」と「重体」には明確な違いがあります。

2002年7月、東京駅構内のコンビニ「サンディーヌエクスプレス東京センター店」で、痛ましい強盗殺人事件が発生しました。パンやおにぎりを万引した男が、追いかけてきた店長の男性（33）をペティナイフで刺して逃走したのです。

首都の玄関口である東京駅構内だったこともあって、事件は大きく報道されました。第一報は「刺された男性には意識があり、病院に運ばれたが重傷」というものでした。

大きなけがをしているが意識があれば重傷、意識不明の状態になっていたら重体と表記します。店長は腹部を刺されていましたが、深さは約7cm程度で傷が深いというほどではなく、当初は受け答えもできていたことから、警察は重傷と発表していたのです。

ところが刺されてからも犯人を追ったために出血が多かったのでしょうか。その後亡くなってしまいました。わずか550円の万引のために尊い命が失われ、容疑者の男は無期懲役刑が確定しました。おそらく今も刑務所で服役しているでしょう。

私もこの事件の第一報を聞いた当初は「重傷ということなら、きっと助かるだろう」と思っていました。ところが、数時間後に亡くなったと聞いて、大変驚いたことを覚えています。

「重傷」でも油断はできない

いかりや長介さん率いるザ・ドリフターズのメンバーで、2022年に交通事故で亡くなった仲本工事（81＝本名・仲本興喜＝）さんも事故の第一報は「意識あり」でした。

「（10月）18日午前9時10分ごろ、横浜市西区浅間町5丁目の市道で、歩行中だったザ・ドリフターズのメンバー、仲本工事さんが、パート男性（73）運転のワゴン車にはねられた。仲本さんは救急搬送時、頭を打つなどして意識がもうろうとした状態で、病院で手術を受けたという」

これは『朝日新聞』の第一報ですが、記事には「命に別条はない」とは書いていません。意識も「もうろう」ですから、重傷より程度はひどいでしょうが、重体と記載するような、意識不明の状態ではなかったことがわかります。記事の見出しは「ドリフ仲本工事さん、車にはねられ重傷　横浜の信号機のない交差点」でした。

私は、この記事を読んだとき「後遺症が残るかもしれないけれども、きっと助かるな」と思いました。決して軽いけがではありませんが、50代になってもなお、テレビ番組でバック宙を披露していた頑健な仲本さんですから、きっとまた元気な姿を見せてくれるだろう……。

ところが翌19日夜、仲本さんは急性硬膜下血腫で亡くなってしまいました。とくに頭部を打った場合は、意識があっても安心はできません。

警察庁は1946年以降、交通事故の被害に遭った人が24時間以内に死亡した場合に「死者」として集計していました。

大ヒットした映画『踊る大捜査線』でも、北村総一朗さん演じる神田総一朗署長が、重篤な交通事故の被害者を「24時間生きていたことにしよう」と言い放つ場面があります。自分の警察署管内での交通事故死者を増やしたくないからです。

多くの国では交通事故発生から30日以内に死亡した人を死者にカウントしています。これでは国際比較ができないということから、1993年以降は24時間経過後30日以内に死亡した人も「30日死者」として、別個に統計を取っています。

2013年の統計によると、全国の交通事故死者（24時間以内）は4373人、30日以内に亡くなった方は5152人でした。ということは、24時間経過したときには生きていた方が、その後およそ1カ月以内に亡くなるケースが779人、実に約15%にも及ぶ計算になります。その中には、24時間経過時には重体だった方だけではなく、重傷だった方も含まれていると思います。

「命に別条がない」はずなのに、あとになって亡くなってしまったというケースは聞いたことがありませんが、重傷である場合は気を抜けない、ということです。

ちなみに重傷ではなく、まれに「重症」と報じられることがあります。食中毒などで搬送されたような場合が多いでしょうか。文字通り「傷」ではないので「重症」になります。火災に遭って煙を吸って運ばれた場合も、重症と発表されることがよくあります。やけどなどを負ってはいないが、一酸化炭素中毒を起こしているときに多いようです。

かつては「即死」と書かれた記事がよくあり、私も交通事故などの記事で何度も書きましたが、今は即死は極めてめずらしいそうです。なぜなら心肺停止状態でも病院に搬送し、医師が死亡を確認してからでないと、死亡と警察が認めないことが増えたからです。

目撃者の証言がカギを握ることも

今の若い人には信じられないかもしれませんが、1970年代ごろまでは酒気帯び運転に対する意識が今よりもずっと甘く、酒を飲んで運転している人は結構（とくに夜間は）いました。さらにいうと、シートベルトを締めている人はほとんどいませんでした。今ならばおそらく重傷程度で助かった人も、当時は車外に投げ出されて亡くなるケースも多かったのです。

大阪社会部に在籍していた2004年ごろ、宿直勤務明けで夕刊当番として会社で編集作業をしていたとき、「ピーコ」が鳴りました。

ピーコというのは共同通信速報といって、共同通信社が加盟社に行っているサービスです。国内、海外を問わずニュースを送信する予定があると、ニュースを短く、アナウンサーのような人が読み上げて流します。その声が流れる前に「ピーコ、ピーコ」と警告音のようなものが鳴ります。ちなみに、ピーコは大事件や大事故、革命、戦争、大地震になると、キンコンカンコンと鳴り方が変わります。

横山秀夫さんの小説『クライマーズ・ハイ』のドラマの中でも、日航機が墜落したニュースで「キンコンカンコン」と鳴り、「墜落したのは群馬県の山中……」とアナウンスが流れ、主人公の新聞社は戦場のような騒ぎになるのですが……。

それはさておき、このときのピーコは「兵庫県で小学生くらいの男女児童6人が車にはねられる」というようなニュースでした。現場は兵庫県姫路市か明石市だったはずです。大阪本社管内の事故。眠気も一気に覚めました。

ピーコは「容体は不明」とも言っていました。ちょうど事故に遭った児童と同じ年ごろの息子を東京に残し、大阪に単身赴任中だった私には他人事ではありませんでした。

1時間ほどして、各局のニュースの時間になりました。気になって、ある局を見ては、ほかの局に回してチェックしていると、そばにいた社会部員の誰かに「落ち着きがないやっちゃなあ」と言われた記憶があります。

その中の、読売テレビだったか民放のニュースで手が止まりました。事故を目撃したおじいさんが「皆、固まって痛い痛いって泣いとったよ」と記者に話していたのです。

ほっとすると同時に涙が出ました。痛いと言って泣くということは、意識が鮮明だということです。結果的に1人か2人は重傷でしたが、ほとんどの子どもたちは軽傷でした。皆で川へカエル取りに出かける途中に、車が列に突っ込んできたようです。きっと上級生が年下の児童をかばったり、励ましたりしていたことでしょう。

事故や事件の報道で、なぜ目撃者の話を取材して流すのだろうとお思いの方もいるかもしれませんが、実は重要な材料が隠れていることもあるのです。この事故のときの報道ほど、容体を雄弁に語ったニュースはありませんでした。大変な経験をしてしまった子どもたちですが、今ごろ立派な大人になっていることと思います。

「被害者と連絡が取れない」の意味

被害者に関するニュースでは、重傷も何も、そもそも「連絡が取れていない」という表現を見かけることがあると思います。

「21日夜、〇〇市で住宅1棟が焼ける火事があり、焼け跡から1人が遺体で見つかりました。火事のあと、この家に住む70代の女性と連絡が取れていないということで、警察が遺体の身元の確認を進めています」（NHKニュースより）

連絡がつかないといっても、携帯電話にかけたけれども出ない、といったのんびりした話ではありません。

火災が起きるとだいたい3〜5時間程度で、警察から新聞やテレビ各社に広報文がファクスで流れてきます。記者はそれをもとに現場に急行したり、警察署の広報責任者に電話をしたりします。

しかし、現場から遺体が発見されても、取材に対して「遺体は住人の〇〇さんです」と断定して話すことはまずしません。「この家に住む70代の女性が死亡したものとみて捜査している」と書かれては、万が一、別人だった場合に大変困ります。

家の中に行きずりの人とかホームレスの人がいたときに火災が発生した可能性もまったくゼロではないのです。

そこで「連絡が取れない」という、いわば常套句が自然発生的に生まれたのではないでしょうか。記者も「ああ、お気の毒にこれは亡くなっているんだな」と感づいていても、万が一に別人だったらやはり困りますから、その通り記事にするようになったのでしょう。

1週間以上も身元が判明しない？

2023年4月13日、青森県六戸町で民家が全焼し、焼け跡から5人の遺体が見つかりました。親族による放火が疑われ、この人物が一族に恨みを抱いていたとか、地域で村八分になっていたとかいった報道が「氏神の祟り」「呪い」「血を分ける」といったおどろおどろしい言葉とともに週刊誌などを賑わせたので、まだ記憶に新しい方も多いと思います。

第一報で共同通信は次のように報じています。

「13日午前1時ごろ、青森県六戸町の左官業、○○さん（68）方で火災が発生、木造一部2階建て約340平方メートルが全焼した。焼け跡から性別不明の5人の遺体が見つかり、○○さんの妻（67）や孫（9）ら4人と連絡が取れていない。遺体のうちの1人は住人ではないとみられる。（中略）○○さんと他の孫2人は逃げ出して無事だった。次女の夫（38）は仕事で外出していた」

地元紙の東奥日報を見ると、同じような記事です。おそらく警察は世帯主の名前のみを発表し、あとは年齢の発表だけにとどめたのではないかと推察します。1人は住人ではないとみられる、と警察が発表したのは、逃げ出した3人が目撃していて、ほぼ確定的だからだと思います。
4月21日になって、朝刊で各紙が「4人の身元が判明」と報じ、そこで初めて名前が書かれ、24日に「5人目の身元判明」として、近隣に住む92歳の男だと発表しました。

実に8日間も遺体の身元を発表しなかったわけです。

地方ほど発表には慎重な印象です。人間関係というか、共同体意識の濃淡が影響しているのでしょうか。半面、東京や大阪に近づけば近づくほど、「この方は行方不明であって、まだ遺体の身元がわかったわけではありませんが……」という注釈付きで、氏名などを教えてくれる場合が多いようです。

どちらが良い悪いではありませんが、取材する立場からすれば、明かしてくれないほうが困ります。もちろん、警察の立場もわかりますが。

性被害になると、警察はもっとナーバスです。宮城県でデスクをしていたとき、ある県北部の町に痴漢が出ました。このとき、地元警察署がマスコミに流した広報ファクスには、「被害児童」の欄に「小学校中~高学年　A子さん　10代」と書いてありました。

当時、東日本大震災直後で、総局員の記者が出払っていて、やむをえず私が地元警察署に電話しました。

「いや、被害者を明かせない事情はわかるけれども、『中~高学年、10代』なんて、表現があいまいすぎるでしょう」と文句を言うと、広報担当の警察官はこう返しました。

「あのねえ、現場の近くの小学校は全校児童30人しかいないんですよ。1学年がどれくらいの人数かわかるでしょ。たとえば『11歳』なんて広報しちゃったら、2〜3人しか対象者がいないんですから、すぐ特定されちゃうじゃないですか」

そうか、と納得しました。後日、その小学校の近くを車で通りかかりましたが、「これは、あの広報でも仕方がないな」と思うような農村風景が広がるところでした。

初任地・静岡支局の新米記者時代にこの手の記事はたくさん書きましたが、どの学校もそれなりに児童数はおり、年齢も学年もあれほど幅を持たせるような広報は見たことがありません。それだけ少子化が年々進んでいる証左なのかもしれません。

DNA鑑定は英国発

2023年5月、北海道幌加内町(ほろかないちょう)の朱鞠内湖(しゅまりないこ)でイトウ釣りに出かけた男性が行方不明になる事故があり、数日後に性別不明の遺体が見つかりました。相手は獣でしたから、慈悲もありません。おそらく気の毒な状態になっていたであろうことは「性別不明」だったことからもわかります。

遺体の損傷が激しかったりする場合に威力を発揮するのがDNA鑑定です。遺体が被害者なのか犯人なのか判別しづらかったりする難事件でも、ＤＮＡ鑑定が活躍します。

ＤＮＡ鑑定の発祥は英国と言われています。

１９８３年と１９８６年、女子中学生の連続強姦殺人事件が発生し、英国警察は「ここだ」と目した地域の青年たちから、つぎつぎと「血液」の任意提出を受けました。ただ、どれも一致しません。

ところがあるとき、警察は「友人に頼まれて自分の血液を警察に出してやった」と話している男性の存在を耳にします。そこで、友人に頼んだ男を調べると、男の血液のＤＮＡが、まさに事件現場に残されていたものと一致。急転直下、解決したというものです（コリン・ウィルソン『世界犯罪百科』より）。

日本ではこのころ、東京都や埼玉県で相次いで４人の幼女が行方不明になり、遺体で発見された東京・埼玉連続幼女誘拐殺人事件が起きました。一連の事件では、東京都内の保育園児の女の子、Ｍちゃん（５）が１９８９年６月６日にいなくなり、６月11日になって埼玉県飯能市の霊園でバラバラに切断された遺体となって発見されました。当時の新聞記事を読むと、Ｍちゃんと確認した理由は、お腹に痣（あざ）があったという身体的な特徴、胃の内容物が当日の保育園で出された食事内容と一致していたこと、それと血液型でした。

実はこの事件でＤＮＡ鑑定を試みた法医学者がいました。石山昱夫（いくお）・東京大学医学部法医学教室第6代主任教授です。石山教授はDNAフィンガープリント法というやり方で、Mちゃんと遺体が同一人物であるか確定しようとしましたが、成功しませんでした。東大医学部法医学教室のホームページによると、石山教授はPCR法という方法も法医学実務に導入した、とあります。

日本初のDNA鑑定は「失敗」

日本でDNA鑑定が一躍脚光を浴びたのは、栃木県南部などで連続して幼女が殺害された北関東連続幼女誘拐殺人事件です。

1991年12月1日朝刊で、朝日、毎日、読売の3紙が1面トップで「45歳の元運転手DNA鑑定で一致」と報じます。DNA鑑定の結果、菅家利和さんという幼稚園バスの運転手をしていた男性が逮捕されました（のちに再審で無罪確定）。

このときのことを地元紙『下野新聞』の記者に聞いたことがあります。下野新聞は地元の雄で事件報道に強く、スクープされるのを栃木県警がつねに警戒するような存在でした。ところが、この連続幼女誘拐殺人事件にかぎっては「普段は事件にあまり強くない朝日や毎日までそろい踏みでスクープしてきたんだからね。非常に奇異に感じたよ」。

どうも、警察庁関係者が全国紙各紙に事件をリークしたのだろうといわれています。何といっても、ＤＮＡ鑑定による初の大手柄です。科学的捜査が難事件、しかも大事件の解決に一役買ったことを大々的にアピールしたかったのでしょう。諸外国ではすでに行われていた「ＤＮＡの全国民データベース化」まで、流れを一気に持って行くための世論作りをしたかったのではないか、とすらささやかれていたといいます。

ところが、〝初モノ〟にはえてして落とし穴があります。この事件で採用されたのは、ＭＣＴ１１８法といい、鑑定方法が確立されていないと批判もあった方法だったのです。

裁判が始まると、大阪医科大学の鈴木広一教授による再鑑定でＤＮＡ型が一致しなかった、とする結果が出ます。鈴木教授は検察側の鑑定人でしたから、これはもう検察側・捜査側の完全敗北としかいいようがありませんでした（佐久間哲『魔力ＤＮＡ鑑定　足利市幼女誘拐殺人事件』（三一書房）より）。

１９８１年に大分県大分市で発生した女子短大生（18）が強姦され殺害された、みどり荘事件のときも、ＤＮＡ鑑定で一騒動ありました。

逮捕された隣室の男性（25）は、途中から無罪を主張し、裁判はもつれます。１９９１年になって、２審の福岡高裁の裁判長のすすめで、まだほとんど事例がなかったＤＮＡ鑑定をすることになったのです。

「画期的手法」の危なっかしさ

筑波大学による鑑定で、犯行現場にあった1本の毛髪が被告の男性のものと一致します。ところがその長さは15㎝を超えていました。事件直後に男性が警察に任意提出した毛髪は、最も長いもので7㎝。しかも事件当時の男性はパンチパーマだったため、弁護側は「毛髪が男性のものではありえない」という論理を展開し、この男性は1審の無期懲役判決が覆されて無罪判決を言い渡され、確定したのです。

これも、初期の日本のDNA鑑定捜査が非常に危なっかしいものだったことを示す例といえます。

初モノが危ない話はもっと前の時代にもあります。1949年に起きた、世にいう弘前大教授夫人殺害事件です。

当時はまだABO式鑑定が主流でした。つまり血液型による鑑定ですね。事件では、容疑者とされた那須隆さん（25）の白いズック靴から血痕が検出され、これが重要な証拠とされていました。ところが、血痕の血液鑑定を行った青森医学専門学校（現弘前大学）医学部法医学教室の引田一雄教授が「靴から血液は検出できなかった」と回答したのです。

すると、弘前市警（当時は米国のように自治体警察と国家警察に分かれていました）は、ズック靴や、白い開襟シャツなどの証拠物件を引田教室から引き上げてしまいます。

証拠物件がいろいろな鑑定人に渡るうち、話はどんどんこんがらがってきます。引田教授が「(証拠を)引き上げられてしまったので鑑定していないが、肉眼では古い血液が1点あるだけだった」はずの開襟シャツが、いつからか引田教授以外の鑑定人が、「胸のあたり全面に血がついている」と言い始め、さらには東京大学法医学教室の古畑種基教授が〝横やり〟を入れてきたのです。

古畑教授は当時、法医学者としては大変高名な人物で、のちに文化勲章も受章していま す。古畑教授はABO式のほかに、MN式、Q式、E式という当時としては画期的な手法を用い、「古畑鑑定」として大変な話題となりました。

容疑者の男性も被害者の女性も血液型はB型だったのですが、古畑教授は、被害者がBMQE型、那須さんがBMqE型であったとして、ベイズの定理という確率論にあてはめて「那須さんの開襟シャツに付着した血液が被害者のものである確率は98・5%」と結論づけます。

ところが1971年になってTという男が「自分が真犯人だ」と名乗り出るのです。それを読売新聞がスクープし、那須さんは再審で無罪になりました。

ミトコンドリアDNA鑑定の登場

時代は過ぎ、昨今の鑑定技術は日進月歩で進んでいる感があります。2019年9月、山梨県道志村のキャンプ場で7歳の女児が行方不明になったのは記憶に新しいですが、この事件で身元確認の決め手になったのが、ミトコンドリアDNA鑑定というものでした。最初に見つかった人骨は後頭部のものでした。それほど大きなものではなく、通常のDNA鑑定が難しかったため、ミトコンドリアDNA鑑定の登場となったのです。

結果、「発見された骨がお母さんと血縁関係があるものとみて矛盾はない」との結論が出ました。その後、ほかの部位も発見され、そちらはDNA鑑定が可能だったため、行方不明の女児のものと特定できたようです。

現在、警察で主流のDNA鑑定は、STR型と呼ばれる方法だそうです。細胞核のDNAにあるSTRと呼ばれる4塩基を基本単位とする繰り返し配列について、その繰り返し回数に個人差があることを利用して、個人を識別します（警察庁科学警察研究所のホームページより）。

一方、細胞内のミトコンドリアにもDNAの塩基配列が存在します。この配列は男女を問わず、母親の配列と同一となるため、母子や兄弟姉妹間の比較に有効とされます。

ですから道志村のケースでは、山梨県警は「発見された人骨は、母親と血縁関係がある人物のものとみて矛盾はない」と広報したものの、一方で「女児の骨だと結論づけることはできない」とも付け加えています。個人を完全に特定することはできないものだからです。

第4章 火事や失踪ほど難しい事件はない

殺し3年、火事8年

記者の間に「殺し3年、火事8年」という言葉があります。私も、20代の若いころに先輩から一度だけ言われたことがあります。最近はあまり聞かなくなったかもしれません。意味としては、火事の原稿は殺人事件の原稿よりも熟達した執筆や取材の技量が求められる、という感じでしょうか。

私は生来のあまのじゃく気質のためか、「いや、殺人事件の取材のほうが難しいだろう」と思ってしまうのですが、たしかに火災というのはメディアだけでなく、警察や消防の捜査関係者にとっても難しい現場ではあります。

燃えてしまうと、火事の原因はなかなかわかりません。とくに漏電と放火、タバコの火の不始末を区別するのは、かなり難しいと思います。それでも消防は時間をかけて、場合によっては燃焼実験までして、原因を追究します。

事件性が高く、放火の疑いが強くなったり、殺害されたあとに放火されたりしたことが明らかだとわかると、今度は警察が主導権を握ることになります。

『警察24時』といった、捜査員を追いかけるテレビ番組がありますね。あるとき、親しくおつき合いさせていただいた刑事さんが出演したことがあります。

刑事さんは火災の現場に臨場すると、焼け跡を見るなり一言、「外から中に火が入っている」。そして、やおら燃えかすを水が溜まったバケツに入れると、水に油が浮かんできたではありませんか。

実は火災のあと、その家の息子が行方不明になっていました。息子が物置の外から油をまいて火をつけたのが真相でしたが、刑事さんはそれを一発で見破ったのです。

こうした目利きの刑事さんならともかく、火災は事件の証拠も文字通り〝燃やして〟しまいますから、捜査はえてして難航します。

静岡支局にいたころ、1966年に清水市（当時。現静岡市清水区）で発生した一家4人殺害事件、いわゆる袴田事件の現場の写真を見せてもらったことがあります。

この事件は、被害者が専務を務める会社で働いていた袴田巖という人物が容疑者として逮捕されますが、死刑判決が確定したものの、2014年に静岡地裁が再審開始決定を出して、自由の身になりました。2023年10月、やっと再審公判が静岡地裁で始まっています。

私が感心したのは、遺体の状況が男女の区別もつかず、真っ黒になっているのに、刺殺されたのがわかったことです。

刑事捜査の世界でボクサースタイルという言葉があります。活きのいいスルメをあぶるとたちまち丸まりますが、遺体は生きた状態のまま焼かれると、それと似たような状態になることを指します。丸まった遺体が、ボクサーが対戦相手と対峙したときに取る姿勢に似ていることからそう呼びます。

袴田事件で殺害された一家の遺体は、ボクサースタイルではありませんでした。ベテランの刑事であれば「これはまずい」と直感したと思います。

火事と保険金詐欺

火災には保険金詐欺が絡むことも少なくありません。私自身も取材で2回経験しました。1回目は静岡県です。ある日の未明、ある会社の社屋が全焼しました。消防と警察が調べると、不審な点がいくつも出てきます。

普段は停まっていない高級スポーツカーが、この日にかぎって車庫にあり、しかも所有者の会社社長が購入した直後でした。この会社は経営難に陥っていました。

さらに火災が起きる前の昼間、車庫の中で社長自身がはいつくばって何かをしていた、という近所の人の証言も得られました。しかし出火当時、社長は現場からかなり離れた自宅にいて、消防が電話したとき自宅の電話に出たといいます。

「何か、発火装置を仕掛けているはずなんだが……」と捜査員は首をひねっていました。捜査一課は社長を警察署に何日か呼んで追及しましたが、結局立件されることなく終わりました。保険金は保険会社が支払いを拒否し、社長も請求しなかったそうです。

2回目は栃木県で、ある旅館から火が出て、全焼しました。出火当時、客は泊まっておらず、人的被害はありませんでしたが、建物に多額の保険がかかっていました。

ただ、この旅館は以前もボヤを出していたのです。そのときは何者かがプロパンガスを投げ込んだようですが、着火せずに大事に至りませんでした。プロパンガスを投げた人物も判明せず、立件されませんでした。

今回は旅館の経営者による自作自演も疑われましたが、経営者にはアリバイがありました。高速道路に設置されたNシステム（自動車ナンバー自動読取装置）に経営者の車が映っており、その位置からどんなに飛ばしても出火時間に現場に着くのは無理だったのです。

今は防犯カメラが普及しているので、解明は多少容易になったでしょうが、火事というのはことほどさように難しいものなのです。

ドラマもかくやの大逆転事件

火事に関しては、私も忘れられない事件があります。1970年5月、愛知県豊橋市で母子3人が殺害後、放火された事件です。

捜査一課には強行犯捜査係、放火犯捜査係、特殊犯捜査係という係がありますが、この事件では強行犯と放火犯の2頭立ての捜査態勢が敷かれました。

放火犯捜査係は「21歳の住み込み店員が犯人だ」とし、強行犯捜査係は別の人物を容疑者視していましたが、十分な比較検討がされないうちに、放火犯捜査係の見立てが採用されてしまいます。

住み込み店員だった森鉄雄さんには、1審名古屋地裁で死刑が求刑されました。ところが、ここで天日政次という元刑事が登場します。天日さんは愛知県警捜査一課殺人係のエースで、事件当時は強行犯捜査係長、裁判が始まったころに退職した人物です。

天日さんは弁護側証人に立ち、「捜査には瑕疵（かし）があった」と、被告に有利な証言をします。結局、森さんの無罪が確定し、検察も控訴せず確定しました。

殺人事件の捜査を直接担当した刑事の、それも係長クラスの人物が自分のいた部署の捜査を否定したケースは、この事件のほかにほとんどありません。

決め手となったのは、遺体の下半身に押し当てられた男物のパンツです。体液から血液型はB型と判明しましたが、森さんはA型です。捜査本部は夫（B型）のものだと推理し、「これが森さんの血液型と合わなくても問題はない」と結論づけました。

ところが、天網恢恢疎にして漏らさず。夫はB型ではあったものの、非分泌型だったのです。非分泌型とは、端的にいえば、血液以外からは血液型が出ないというものです。つまり、体液はやはり犯人のものである可能性が非常に高かったということなのです。

この事件は私が新聞記者になる直前に、毎日新聞中部本社の記者をしていた人物が書いた本で知って、大変感銘を受けたものです。

あるとき、奥野正一という刑事が、社会部で遊軍（担当持ち場を持たない記者）をしていた記者のもとに電話をかけてきます。「森はどうも玉（犯人のこと）じゃないようだぞ」。記者はかつて担当していた愛知県警の刑事宅を夜回りします。その中に、「神さま」と呼ばれた神谷太一郎警部補もいました。

神谷警部補は、「そのうちあんたが来ると思っていた。えらいことになったぞ」とだけ言って、口を閉ざしてしまいます。

この本には匿名ながら、巡査部長、警部補、幹部などの証言が掲記されていますが、ほとんどが「森シロ説」でした。

背筋をゾクゾクさせながら一心不乱に読んだものです。これこそが自分が求めていた警察回り記者の理想だ、と。

放火の証拠を切ってしまった！

その「神さま」の影に、記者になったあと触れる機会がありました。

新人記者時代の1991年6月、名古屋の飲食店従業員の女性が大きなバッグに入れられた遺体となって静岡県沼津市の海岸に漂着した殺人事件がありました。

記者になって初めての殺人事件でした。名古屋まで出張し、熱田警察署に行きました。出てきた署長には鼻であしらわれましたが、副署長さんは人の良さそうな方で、「愛知県警捜査一課にはね、天さま（天日警部補）、神さま（神谷警部補）のほかに横山さまっていう三羽烏がいたんだよ」と自慢げに教えてくれたのです。まさかここで神さまの名前を聞くとは。熱田に来てよかった、と感激したものです。

火事については、ほかにも思い出す事件があります。

戦後の混乱期の話だそうですが、静岡県警のある刑事さんが、ある連続放火魔の男を逮捕しました。この放火魔は建物の2階に火をつけるという非常に変わったくせがあり、事実、男の自宅からは、先端に綿あめのような丸い繊維がついた長い竹竿が見つかったそうです。

ところが、ある刑事さんが押収した竹竿を車に積み込もうと思ったところ、どうにも長すぎます。仕方なく、のこぎりで二つに切って「やれやれ」とばかりにライトバンに乗せ、持ち帰ってしまったのだそうです。切る前の証拠写真は撮っていませんでした。

その後、「証拠の押収過程に問題があり、犯罪の証明には不十分」として男には無罪が言い渡されたそうです。「バカみたいだろ」と私にその話をしてくれた刑事さんは笑っていましたが、被害者、容疑者からすれば笑いごとではありません。

何より、この切断話が警察署内でずっと語り継がれていることこそが、火災の捜査の難しさを表しているのだと思います。

「大がかりな捜索」の規模感

火事もそうですが、誰かが行方不明になる事件も捜査が難航することがよくあります。「大がかりな捜索」とか「大規模な捜索」もよく行われますね。

記憶に新しいところでは、2022年4月、北海道・知床半島で観光船「KAZU I

（カズワン）」の乗客・乗員26人が死亡・行方不明になった遭難事故がありました。海上保安本部だけではなく、地元の漁協や観光組合も総出で捜索を行いましたが、大変残念なことに、これまでに生存者は見つかっていません。

先にもお話しした、山梨県道志村で女児が行方不明になったケースでも、大がかりな捜索が行われました。16日間の捜索で延べ1700人が関わったようです（『日本経済新聞』2019年10月6日のネット記事より）。1日平均100人といったところでしょうか。警察、消防、地元の方、ボランティアも参加したでしょうから、文字通り大がかりだったのだと思います。

捜索が難航すると、「何者か、第三者が関与して事件に巻き込まれたのではないか」という説が流れます。この女の子のケースは結論が出ていません。地元の山梨県警は明言をしているわけではありませんが、捜査態勢を見るかぎり、事件としては見ていないと思います。

2000年ごろ、栃木県の塩原渓谷にキノコ狩りに行った女性が行方不明になる遭難事故がありました。1日だけ捜索に同行したことがあります。約70人態勢だったと思いますが、それだけの人数で探しても、山というのは実際に行ってみると広いもので、手がかりはまったく見つかりませんでした。

女性には同行していた男性がおり、女性は「ちょっとあちらの方にも行って、キノコを探してくる」と言ったまま行方不明になったので、だいたいの場所はわかるはずなのですが、それでも発見できませんでした。この事故は数カ月経ったあと、女性が遺体で見つかるという残念な結末で終わりました。

山口県周防大島町の山で2歳の男の子が行方不明になった遭難事故を覚えている方もいるのではないでしょうか。2018年8月のことです。事故から3日後、ボランティアとして現地に入った尾畠春夫さんが山に入ってわずか30分後に男の子を山中の沢で発見し、「スーパーボランティア」と呼ばれ、一世を風靡しました。

警視庁OBと久しぶりに会ったとき、この話題になりました。彼曰く「尾畠さんがいなかったら、絶対に助からなかったと思う」。尾畠さんが「小さな子は上に上に行くから」と話していたことを「的を射ている」と感心していました。男の子が日中は沢に足を浸していたり、あまり動き回らなかったりしたこともよかったようです。

先の道志村の女の子のケースでも、遺体の一部とみられる骨が見つかったのは山の急斜面で、やはり高所でした。

失踪者の9割は「自然解決」している

行方不明には、失踪や家出というパターンもあります。

警察庁生活安全局の統計『令和3年における行方不明者の状況』によると、全国で2021年だけで7万9218人もの人が失踪しているそうです。この資料は失踪原因の内訳も記しており、疾病関係が2万3308人で、このうち認知症が1万7636人、また、家庭関係が1万2415人、事業・職業関係が8814人となっています。

このうち2021年中に所在確認がされた人は7万8024人で、9割以上の人は見つかっています。おそらくは両親と一緒にいて迷子になったケースも相当含まれているのでしょう。認知症のお年寄りが徘徊してしまったものの、すぐに隣町で見つかったというケースも多いと思われます。

一方で法務省の「犯罪白書」によれば、13歳未満の略取誘拐・人身売買の被害者児童は108件にも上り、増加傾向です。

もし家族が家出したら、皆さんはまず警察に相談に行くと思います。しかしよく聞くのは、「警察に家出人捜索願を出しても冷たい」という話です。

実際、通常の家出人について、警察は積極的に捜索しません。どこかで見かけたら連絡しますね、という程度です。自らの意思で出て行ったわけですから、犯罪ではありません。「民事不介入」という建前もあるでしょうし、警察署は非常に忙しいですから、淡泊な応対になってしまう可能性はあります。多くは数日でほとんどが見つかっていることを考えれば、むべなることなのかもしれません。家出人が公開手配にまで至るケースは非常にまれです。

特異家出人という存在

問題はこうした通常の家出人ではなく、特異行方不明者です。特異家出人ともいいます。特異行方不明者の事件を解決するのが、警察の捜査で最も難しいものの一つといわれています。

2023年1月、静岡県で行方不明になっていた中学3年生の男子生徒が33日ぶりに発見されたと報じられました。このときは、失踪後1週間経ってから警察が公開捜査に踏み切りました。防犯カメラは時間が経つと消去されてしまうことを考えると、少し遅かったかなという印象です。実際に、中学生が小田原に行ったことまでは判明したものの、そこから先の足取りがわからなくなってしまいました。

特異行方不明者の定義はいくつかあり、①犯罪に巻き込まれた可能性が高い、②少年の福祉を害する犯罪に遭うおそれがある、③水難、交通事故に遭っている可能性がある、④遺書が見つかっており、自殺のおそれがある、⑤精神障害があり、自害、他害のおそれがある、⑥放っておくと、命の危険がある病人、高齢者、年少者……という感じです。

これらに該当する場合は、通常の行方不明とはまったく違う態勢が取られます。報道されるのは、ほとんどがこちらのケースです。

静岡のケースでは、中学生が1週間経っても見つからないということは遠くまで行ってしまったか、犯罪に巻き込まれた（または、これから巻き込まれる）可能性を警察は憂えたのだと思料します。幸い、報道を見た通行人が「似た子がいる」と通報してくれ、発見につながりました。

特異行方不明者が毎年どの程度出ているのか、警察庁から資料が出ていないのでわかりませんが、殺人・死体遺棄事件のような最悪な形で発覚するケースは年間30件にも満たないのではないでしょうか。

「これは事件らしい」ということになると、その旨が警察署長から捜査一課に伝えられ、捜査一課の幹部や鑑識課員が急行することになるでしょう。この場合、かなり隠密裏に行います。最初から殺人事件かもしれない、とはっきり判定できるケースというのはまれです。

完全犯罪との闘い

私も新米記者時代に失踪事件を経験しています。このときは大変な騒ぎとなりました。当時の静岡中央警察署刑事課長だった熊倉征志さんが自著に記しています。

1992年夏のある夜、静岡市のスポーツ用品店の女性店員Kさん（19）が3日前から帰宅しない、と母親から捜索願が出されました。おそらく受理して事情を聴いた警察署の生活安全課の課員は「おかしい」と直感し、すぐに殺人、強盗事件などを扱う捜査一課長に伝えられます。

失踪したKさんは7月16日午後10時10分ごろ、自宅に電話をかけ、お母さんに「12時には帰るから玄関を閉めないで。今、S君の所」と言ったそうです。S君というのは、20歳のトラック運転手の青年で、女性店員の交際相手でした。

S君は警察の事情聴取に「Kちゃんを送るため、Kちゃんの車のうしろを走り、17日午前0時半ごろ、国道1号線のインターチェンジでお互いが『お休み』の意味で、ハザードランプを点滅しながら別れました」と説明しました。

2人の交際は順調で、S君はそうそうに容疑者から外れました。Kさんは下着も持ち出しておらず、日記にも家出を連想させる記述はありませんでした。しかも預金口座にあった7万円の残高はそのままで、親しい女友達にも電話がありませんでした。一方で同僚に電話し、その際、翌日の打ち合わせをしていることから出勤の意思があったと思われます。警察が家出人なのか特異行方不明者なのか、どのように判断していくのかがわかりますね。警察は①日用品を持ち出したか、②現金が引き出された跡がないか、③親しい友人に連絡を取って悩みなどを吐露していないか、④スケジュールの確認などをしているかなどを調べ上げていくのです。

Kさんの交友関係を洗うと、彼女にはAという元彼がいました。元彼はふられたあともKさんにつきまとっており、Kさんの失踪後に会社を辞めたこともわかってきます。

捜査には、捜査一課の近藤幸男警部補、増田昭広巡査部長、そして静岡中央警察署の刑事一課から吉良重徳巡査部長、横手正義巡査長も当たることになりました。

実は1年生記者で警察署回りだった時代に、吉良巡査部長と横手巡査長のことはよく知っていました。当時は刑事部屋にも記者が入れたのですが、「おい、そこのガキ、うるせえんだよ。あっち行けよ」と怒り出すのはたいがい吉良巡査部長でした。顔がとても怖い人で、彼より迫力ある顔の捜査員は今まであまり見たことがありません。

横手巡査長も大柄で押し出しの強そうなタイプでした。熊倉課長は、強面の刑事に取り調べを当たらせて、一気に自白させようとしたのだと思います。

失踪事件の取り調べが難しいわけ

というのも、遺体が見つからない段階で、容疑者の取り調べをするのは非常に難しいからです。何しろ、証拠がありません。

後日、熊倉元刑事課長が話していましたが、「初日のAの取り調べはな、全然お話にならなかったんだよ。脚を組んでやがって、横柄でさ。俺は『まずあの脚をきちんとさせることから始めるぞ』と指示した」

ところが、迫力ある吉良刑事らの追及に、初日の事情聴取が終わるころには、体を前に折り曲げて話を聞くようになっていたそうです。「その日、Kさんとは新幹線のガード下で会った」とも供述しますが、それ以上肝心なことを話しません。

取り調べ6日目。熊倉課長と捜査一課の近藤係長が取調室に入り、Aと対峙します。Aはスズキ・アルトという車に乗っていました。熊倉課長は心理戦を仕掛けました。

「君の車のナンバーは覚えやすい数字だったな。何番だったかな」

「2115です」

「そう、そう。2115だったな。覚えやすいナンバーだ」

「はい……」

「俺は、今まで間違いを起こした人間を何人も調べてきた。真実の話ができない人間に共通していることがある。それは誰も見ていなかったから、わからないだろうと過信していることだ。自分だけがな」

「……」

「白色スズキ・アルト、ナンバー2115！　あの晩のお前の車だ。なぜ、あそこ（ガード下）に何時間も駐車しているんだ!!」

Aは熊倉課長に犯行を自供しました。実はアルトの目撃証言などなかったのです。なかった目撃証言をいかにもあるように思わせて〝吐かせた〟のでした。

この取り調べにはもう一つヤマ場がありました。初日の取り調べの終盤のことです。実はAはKさんと復縁したくて、百貨店で高価な時計を買って、ガード下で待っていたのでした。以前はプレゼント一つしたことがなかったそうです。捜査員はKさんの自宅から時計を発見します。そのことをKさんの家族に問うと、「Kちゃんに会おうと待っていたんですが、会えなかったので……。Kちゃんが帰ってきたら渡してください」とAがKさんのお母さんに手渡したそうです。

百貨店のきれいな紙を取ると、中に入っていた時計からはAの指紋が検出されました。刑事たちの切り札の一つでした。

「会っていないっていうんなら、なぜおまえがKちゃんに渡した時計にお前の指紋が残っているんだ！」Aは、事情聴取された初日にKさんに会っていないという嘘を突き崩されていたのでした。（熊倉征志『刑事の半生　天職に感謝して』自費出版より）。

「何か事件ですか」痛恨のミス

この静岡市女性店員失踪事件には私なりの思い出があります。1年間、静岡中央署、南署のいわゆる署回りを卒業した私は、事件当時は静岡県警担当になっていました。担当は私と署回りの新人2人。全然、情報が取れませんでした。

ほかの全国紙にはなんとかスクープを取られなかったものの、地元紙の『静岡新聞』には「静岡市で女性店員が不明」とすっぱ抜かれ、ほとほとくたびれていました。多分、1週間で20時間も寝ていなかったと思います。

県警から支局に戻って事務仕事をしていると、夕方のフジテレビの報道番組「スーパータイム」の時間になりました。

「♪スーパータイム」のジングルとともに、トップニュースが流れます。

「静岡市内で19歳の女性店員が行方不明になる事件があり、静岡県警は先ほど、元交際相手の供述に基づき、静岡市内の山中から女性の遺体を発見したもようです。現場には榛葉記者が行っています。榛葉さん！」

抜かれた……。みるみる意識が遠のいて、ソファに倒れ込んでしまいました。先に紹介した小野義雄デスクが「もういい。お前は寝てろ」と言って、自分で原稿を書き始めたという何とも情けない、あまり思い出したくない事件なのです。

思い返せばこの日の昼3時ごろ、静岡県警科学捜査研究所に行って、鈴木健介所長と話をしていました。

「女の子の失踪、事件ですよね」

「そんなこと、僕にはわからないよ」

そんなやりとりをしていると、卓上の電話が鳴りました。

「ウン、ウン。そうかい、そりゃよかったね。僕も行ったほうがいい？　わかった。あとで合流しよう」と、卓上の紙にミミズののたくったような字を書き散らかして、それを破ると「ごめん、会議が入った」と部屋を出て行きます。

「何か事件ですか」と背中に声をかけた私は間抜けです。鈴木所長は内心「バカだな」と思ったことでしょう。「いやいや」と手を頭の上で振ってみせました。

勘の良い方はお気づきでしょう。「遺体発見。急行されたし」との電話だったのです。

警察の威信をかけた捜査

いずれにせよ、この事件はかなり首尾よく捜査が進んだほうでしょう。失踪を事件と判断し、遺体を発見し、容疑者を逮捕、起訴、有罪に持ち込むというのは、至難の業です。

三重県では1991年の四日市市の女児失踪事件、1997年の明和町の女子高校生失踪事件、1998年の伊勢市のミニコミ紙女性記者失踪事件、どれも事件性が強く疑われるものの未解決になっています。

2005年には安濃町（現津市）の女性（20）が会社を退勤したあとに行方不明となり、乗用車が山奥の河川敷に転落した状態で見つかりました。遺体は後日、白骨化した姿で発見されました。舌骨が折れているなど事件性を強くうかがわせる事実がありましたが、事件化には至っていません。

栃木県警担当をしていた2000年ごろには、宇都宮市の暴力団関係者の失踪事件がありました。20年以上経った現在も消息が不明です。各都道府県にこうした類いの「未解決の失踪事件」は、それぞれ数件ずつあるはずです。

警視庁捜査一課強行犯捜査2係は、昭和の頃はこうした特異家出人を専門に扱う係でした。非常にプライドが高い捜査員が集まっていたそうです。

新聞やテレビで「行方不明になっていた人が遺体で発見され、容疑者が逮捕された」というニュース、記事があったら、注意して見てください。おそらくその警察で取り調べが最もうまい職人肌の刑事が、警察の威信をかけて取り調べをしているはずです。1994年から2003年まで日本テレビ系の『火曜サスペンス劇場』で放送された、笹沢左保原作の『取調室』シリーズで、いかりや長介さんが演じていた水木正一郎警部補のような。

さらに言えば、殺人・死体遺棄事件を多く解決しているかどうかは、その都道府県警の捜査一課の実力を測るバロメーターにもなると思います。

第5章

「超」踊る大捜査線
——現実は刑事ドラマより奇なり!?

室井管理官はそんなにえらいのか

日本では昔も今も警察ドラマや刑事映画が人気です。中でも、1997年に放映されたフジテレビ系の大人気ドラマ『踊る大捜査線』をご記憶の方は多いでしょう。映画化もされ、観客動員700万人の大ヒットを記録しました。

それまでの刑事ドラマと違い、派手な銃撃戦が出てこない一方で、主人公が上司と後輩の板挟みになったり、大きな組織に翻弄されたりするペーソスが、世のサラリーマンたちの心をつかんだのもヒットの要因ではないでしょうか。

私も家族で映画館に足を運びましたし、舞台のモデルといわれている東京水上警察署（現東京湾岸警察署）で開催された交通安全運動に「スリーアミーゴス」——神田総一朗署長役の北村総一朗さん、秋山晴海副署長役の斎藤暁さん、袴田健吾刑事課長役の小野武彦さんが出演した際には、取材と称して駆けつけ、ちゃっかり御三方から記者メモ帳にサインを頂いたりしたものです。

さて、『踊る～』の重要な役どころとして、柳葉敏郎さん演じる室井慎次管理官という人物が出てきます。スリーアミーゴスら警察署の幹部たちは、ことあるごとに室井管理官にペコペコお愛想を繰り返すので、「ふうん、室井管理官はえらいんだ」と思った人も多いでしょう。ただ私はこれには若干、違和感を覚えました。

そう感じたのは私が当時まさに警視庁担当だったからでしょう。ここからは、事件記者が見た、ドラマや映画もかくやという警察のリアルをお話ししていきたいと思います。きっと事件ニュースが何倍も身近に感じられるはずです。

結論から言えば、室井管理官は袴田刑事課長よりはえらいですが、神田署長や秋山副署長よりは階級は下です。これには、警察ならではの組織構造が関係しています。

捜査一課を例にとると、トップに課長がいて、ナンバー2に理事官、補佐役として3～4人の管理官、管理官の下に10人以上の係長と、ピラミッド式の組織になっています。警察は基本的に「ごく少数のキャリア組」と「大多数のノンキャリア組」でできている組織ですので、管理官以下はほとんどノンキャリアで構成されます。

本庁と警察署をぐるぐる回る

ノンキャリアは巡査→巡査部長→警部補→警部→警視と昇進していきます。警視庁の場合ですと、警部に昇任した段階でのポストは所轄警察署の刑事課長代理あたりが相場です。そこで3年ほど勤務したあと、本庁（東京都なら警視庁、県警なら県警本部）の刑事部捜査一課などの係長になります。

そこでまた3年ほど勤めると、再び所轄警察署に、今度は課長として出ます。その後も警察署と本庁を行ったり来たりが繰り返されます。本庁に戻って管理官→警察署副署長→本庁に戻って理事官……。このあたりで警視に昇任しており、大過なく過ごしていればどこかの警察署署長になります。

ノンキャリアの世界では本庁・本部の花形部署に通算何年いたかがステータスです。検事なら特捜部に何年いたとか、法務省で長く務めた（「赤レンガ組」といいます）ことを自慢するのに似ています。

一方、キャリア組は巡査、巡査部長をすっ飛ばして警部補からスタートします。2年後に警部になり、5年目くらいには警視になっています。ノンキャリアで27〜28歳というとまだ巡査部長がほとんどですから、出世のスピードがまるで違います。

『踊る〜』では神田署長（ノンキャリア）は湾岸警察署の署長で、階級は警視です。室井管理官（キャリア）は警視庁捜査一課の管理官で、階級はやはり警視です。同じなわけです。しかし、職責でいえば署長のほうが管理官より上です。これが私の感じた違和感の理由です。

ちなみに室井管理官は東北大学出身で、東京大学卒が幅を利かせる警察庁ではやや傍流というスタンスで描かれているようです。これはその通りだと思います。

警察庁でトップまで行く人の出身大学はキャリアでも東大がほとんどで、たまに京大がいる程度。早稲田や慶応などの私大組、九州大、大阪大、名古屋大、東北大などの旧帝大は警察庁長官、警視総監にはめったになれません。のちに政治家となり、法務大臣まで務めた秦野章という人がいましたが、この方は日大卒で、私大出身者では初の警視総監となりました。

キャリアとノンキャリアに確執はあるのか

「キャリア組のあいつらがいるせいで、俺たちがやりたいように捜査できないんだ」

ドラマや映画ではよくこんな風にキャリアとノンキャリアを対立させますが、これも私はどうかと思います。

そもそもキャリアは捜査員というよりは行政官です。立法作業をしたり、通達を出したり、事件や統計を分析したりと、警察組織そのものを指揮、監督することが求められています。しかも難しい事件はあまり担当させてもらえません。ノンキャリアのように捜査の現場周辺を歩き回ったり、白バイに乗ったりはしないわけです。

逆に、「この若造が」というノリで、ノンキャリアがキャリアにぞんざいな口を利いたり、からかったりすることは結構あるようです。とくに警視庁捜査一課などは鼻っ柱の強い職人気質の刑事の集まりですから、トンチンカンな指示を出す管理官などは、「あんたはダメだ」と、露骨に酒席でやられるようです。

ただ、これはほどほどにしておかないとしっぺ返しを食らうことになります。若くしてキャリアで警視庁の捜査一課管理官になった人は、数年後、遅くとも10年ほどすれば、またさらに上の階級として戻ってくる可能性がかなり高いのです。警視庁の部長、参事官、課長、署長、管理官を務めるというのは、キャリアの中でもエリート。若いころに警視庁の署長、本庁の課長を務めるならなおさらです。

警察庁長官のときに銃撃されて重体となった国松孝次さんは、若いころに本富士署の署長や警視庁広報課長を務めています。私が警視庁担当記者だったころ、捜査二課長に就任した金高雅仁さんは、その後、警視庁刑事部長を務め、最終的に警察庁長官というキャリア組トップの出世を遂げました。オウム真理教事件のときの警視総監、井上幸彦さんも警視庁警備一課長、人事一課長、警備部長などを歴任しています。

スリーアミーゴスの室井管理官へのおべんちゃらは、先々を見越してのものだったのかもしれません。

現実でも本庁を「本店」、警察署を「支店」と呼ぶのか？

『踊る～』では、警視庁本庁を「本店」、警察署を「支店」と呼んでいました。おそらくは警察組織を民間企業に模するための工夫だったのでしょうが、現実には、本店と支店という対立軸はありません。

なぜなら先ほどお話ししたように、皆たいてい本庁と警察署を行き来するわけで、お互いを目の敵にする理由がないからです。

警視庁の鬼刑事といわれ、帝銀事件、吉展ちゃん事件、三億円事件などを指揮、捜査した平塚八兵衛さんは、1943年から1975年まで捜査一課を出なかったといわれていますが、こんな人は例外中の例外です。

ちなみに、ノンキャリアとキャリアの対立はほとんどないとお話ししましたが、「キャリアが現場の捜査に口を出し過ぎると捜査が壊れる」ということは聞きます。

有名なのは「グリコ・森永事件」です。本来、現場で指揮をとらないはずの大阪府警本部長が、容疑者グループの一網打尽にこだわったため、キツネ目の男が捜査員らの前に現れたときに逮捕はおろか、事情聴取すらできなかったといわれています。

この事件では本部長は、大阪だけに情報を集約させ、他県警には漏出させないことにも拘泥し、現場がかなり混乱しています。

なお、大規模な警察と小規模な警察が合同捜査本部を組むと、まず間違いなくもめます。とくに大阪府警はその傾向が強いようで、私も実際に経験しました。

小規模な警察をいじめる大阪府警

1992年のことです。大阪府で、主婦や会社社長ら5人が殺害される愛犬家連続殺人事件が発生しました。犯人の上田宜範（39）は犬の訓練士を自称し、いろいろな人物に近づいては筋弛緩剤を注射して殺害していました。

当時入社2年目で静岡県警担当だった私は、対岸の火事のようにこの事件を眺めていたのですが、ある日の読売新聞を見てギョッとしました。

「静岡県の男性も不明　青木ヶ原樹海に埋めた?」

静岡県沼津市にあるパチンコ店の20代店員が行方不明になり、どうも6人目の犠牲者ではないかというのです。その日から大阪府警と一緒に、各メディアの大阪府警担当記者が静岡県に乗り込んできました。産経も菅沢崇さんという府警捜査一課担当がやってきました。

菅沢さんはトレンチコートが似合う男前です。深夜になると「電話借りるぞ」。おそらく相手は刑事なのでしょう、「うん、うん。それでどうなんや……」という調子で数十分話し込む背中は、憧れていた〝事件記者〟像そのままでした。

このころ、青木ヶ原樹海には連日、記者が殺到していました。大阪府警は「国道にブンヤどもがようけおるのはどないなってんのや」とカンカンです。どうやら上田容疑者が「ブンヤがようけおるのに、遺体のありかなどしゃべられへん」と言い出したようなのです。

私もとりあえず現場に行くと、産経甲府支局から、私の大学の1期後輩で、学生時代はよく一緒に遊んでいた大島真生（まなぶ）記者が来ていました。山梨県警担当として、数々のスクープで名を馳せ、のちに警視庁捜査一課担当になりました。

その彼が「なんで山梨県警の捜査一課が交通整理なんかやらされているんだ！」と叫んだのです。見ると、樹海の奥へ通じる道の入口に山梨県警捜査一課の私服刑事が立っています。その横を、大阪府警の覆面パトカーがけたたましいクラクションを鳴らしながら、猛スピードで通り過ぎていくではありませんか。

「お疲れ様」ではなく、明らかに「邪魔だ、どけ」という鳴らし方です。大島記者の話では、山梨県警捜査一課が大阪府警側に「青木ヶ原樹海は地形が独特だから、われわれが道案内をしましょう」と申し出たのを、手柄を横取りされるとでも思ったのか、「それには及ばない」と断ったいきさつもあったそうです。

「さっさと遺体出せ！」

その後、静岡県警の捜査一課長が空き地でレクを始めましたが、大阪府警担当記者からは「おい、それじゃわからんで」「静岡、ちゃんと調べてこいや」とヤジに近い発言が飛びます。日ごろ、地元の記者クラブでは主のようにしている静岡新聞や山梨日日新聞の記者は、大阪の剣幕に押されたのか黙っています。いたたまれなくなりました。

その後、「上田容疑者は、今日は実況見分に応じないと言っているので、静岡市内の警察署に護送します。記者の皆さんも撤収してください」という話になったとき、「おい、あれ！」と誰かが叫びました。静岡市内に向かったはずの上田容疑者を乗せた黒いバンが、林のほうへ疾走しているのが見えたのです。メディアを追い払って、捜索を続行しようとしていたわけです。

誰かが怒鳴りました。「おい、静岡県警、舐めんなや！　ふざけた真似するな。静岡の捜査一課長、謝れ！」。菅沢記者にあとで聞いたところでは、スクープをばんばん飛ばしている毎日新聞の記者だったそうです。

私は静岡県警の幹部たちと関係が良好というわけでもなく、むしろいがみ合っていることのほうが多かったのですが、このときばかりは「静岡県警を助けよう」と、なぜかそう思いました。自分たちの担当部署（仕事）が侮蔑された気がしたのです。

上田容疑者を乗せたバンに向かって誰かが走り出しました。私もそれを追いました。そのとき突然、林の中からまるでモグラ叩きゲームのおもちゃのモグラのように、ニュッと2人の男が視界に入ってきたのです。1人は「大阪府警　広報」という腕章をしています。私との距離は20メートルほどでした。

その男が大声でわれわれを怒鳴りつけました。

「誰に断って林に入っとるんや！　捜査妨害や。ふざけた真似すんな！」

頭が沸騰しました。これまで交通整理や記者に対するレクといった面倒ごとはすべて山梨県警や静岡県警に押し付けておいて、こんなときだけ、こちらを怒鳴りつけるときだけ、広報面するのか。しかも「静岡に帰った」と嘘をついて、記者をまいて出し抜こうとしたのは大阪府警じゃないか。

「悪いのは大阪だろう！　ふざけるな。静岡、山梨のせいにすんな。近畿ではどうか知らんが、関東管区（注）ではこんなやり方は通用しねえんだよ！」

そう叫ぶと、大阪府警の広報マンを後目に林の中を走りに走って黒いバンに追いつきました。

「おい、上田！　殺人鬼！　ふざけやがって。生意気なことばかりぬかしやがって、さっさと遺体を出せ！」

叫ぶ僕を後ろから誰かが「三枝さん、落ち着いてください！」と羽交い締めにします。物凄い力で、身体が浮き上がりました。

「離せ！」と叫んで振り向くと、機動隊勤務が長く、静岡県警広報課の顔なじみだった伊藤巡査部長でした。

『64』も描いた合同捜査の難しさ

翌日、いの一番に県警に出向き、「昨日はとんだ醜態をさらしてしまいまして、本当に申し訳ありません」と頭を下げたのはいうまでもありません。

怒声の一つも飛んでくるかな、と覚悟したのですが、皆「いいんですよ。あれくらい言ってやらないと。大阪府警も態度が悪すぎますよ」と笑ってくれました。私を羽交い締めにした伊藤巡査部長に至っては「ニュースを見た娘に『パパが出てる』って言われましたよ。いい思い出になりました」と満面の笑顔でした。

そう、この一幕は、日本テレビの夜のニュース『きょうの出来事』に取り上げられ、「殺人鬼、出て来い」「三枝さん、落ち着いて！」という叫び声が全国に放映されてしまったのです。地元のＳＢＳテレビも、夕方の静岡県向けのニュース番組で「こんなやり方は……」という、林の中にこだまする私の怒声をひとしきり流したあと、「今回は合同捜査の難しさを如実に示した形となっています」という記者の現場リポートで締めくくられていました。

ネット社会の今だったら炎上必至の痛恨事です。

後日聞いた話では、バンの後部座席にいた上田容疑者は私に向かって、「何だと、殺してやるっ」と猛り狂い、一緒に座っていた大阪府警の刑事が必死に押さえていたそうです。

結局６人目の遺体は発見できず、上田容疑者は５人を殺害した殺人、死体遺棄などの罪で２００５年に死刑が確定しましたが、まだ執行されずに大阪拘置所に収監されています。

合同捜査をめぐる確執は枚挙にいとまがありません。沼津市で東京都港区に住む会社社長がぐるぐる巻きにされて殺害された事件でも似たような経験をしました。

基礎的な捜査を地道に続けていたのは静岡県警でしたが、容疑者に手錠をかけたのは警視庁だったのです。私も「容疑者逮捕をスクープできるかも」と気合十分だったのですが、警視庁担当の先輩記者からの１本の電話で暗転しました。

「近いうちに容疑者が逮捕される。今後は全部、うちでやるのでよろしく頼む」

「そんなバカな話ありますか」と叫んだのを昨日のように覚えています。それから3日ほどして容疑者が3人逮捕されました。捜査一課の大部屋で、県警の刑事と唇を嚙みしめながら、事件を伝えるニュース映像を見つめたものです。

新聞記者時代に事件記者として鳴らした作家の横山秀夫さん原作の映画『64（ロクヨン）』にも同じようなシーンがあります。

D県（おそらくは群馬県）で誘拐事件が発生し、報道協定が締結されます。東京からベテランの記者が大挙してやってきますが、大事件に慣れていない県警の幹部（中小規模の警察では、若いキャリアの捜査二課長が広報役を務めるのが、報道協定が結ばれた誘拐事件では通例です）は情報をきちんと出せず、集中砲火を浴びます。

東京のベテラン記者は「俺たちがキャリアの若造を教育してやっているんだ」という調子です。その様子に、日ごろは県警と対立していた若手の女性記者が「D県警が無能呼ばわりされるのは堪えられません。こんなのたまりません」と主人公の広報官に涙を流して訴える場面があります（横山秀夫『64』文藝春秋）。

おそらく、誘拐殺人事件で唯一、日本で未解決となってしまった功明君誘拐殺人事件がモデルだと思います。若き日の横山さんも私と似た経験をしたのかもしれません。

警察より早く犯人に到達

警察モノといえば、1958～1966年にNHKで放映された人気ドラマに『事件記者』というシリーズがありました。東京日報という架空の新聞社を舞台に、警視庁クラブ詰め記者たちの活躍を描いた島田一男原作のサスペンスもので、視聴率40％を超えたそうです。島田自身が新聞記者をしていたので、リアルな描写ができたのでしょう。

『事件記者』では、警察よりも記者が先に犯人にたどり着き、スクープをものにするシーンがよくあったそうです。会社にはこのドラマに影響を受けて入社した先輩もいて、酒の席で「現実は警察より先に犯人になんか到達しないよ」と聞かされたものです。

ただ、私も2回だけ警察より早く容疑者に到達したことがあります。そのうちの一つは、2000年3月、栃木県栗山村（現日光市）の湯西川温泉近くの雑木林で、東京都内の高校生Cさん（18）が雪の上で遺体となって見つかった事件です。

地元警察の発表では死因は凍死で、警察署に電話すると、次長は「事件性はない」と言います。しかし、どうも引っかかりました。

ちょうど折よく、産経宇都宮支局にゼンリンの住宅地図が届いたばかりでした。さっそく現場をチェックしてみると、雑木林といっても1ヘクタールあるかないかの小さいものです。しかも、現場から橋を渡った先に3軒の民家があります。山中の奥深くならともかく、こんなところで遭難したり、自殺を図って凍死したりするだろうか？

再度、警察署に電話をかけました。次長が出て、「自殺した疑いはありますか」と聞くと、「わからないね。外傷がないからね」「凍死というのは、検視の結果ですか」「そうだね」「薬の空き瓶とかは転がっていませんでしたか」「いや、そういうのはなかったな」――。

電話を切るころには確信に変わっていました。「Cさんは殺されている」。

人間、体が急激に冷えると、通常は錯乱に陥ります。かの有名な青森・八甲田山の「死の行軍」事故をモデルにした映画では、低体温症にかかった兵士がつぎつぎに錯乱したり、着衣を脱ぐ場面があったと聞いていました。「矛盾脱衣」というそうです。しかし、「Cさんの服装はどうでしたか？」という質問に、次長は「きちんとコートを着ていた」と答えたのです。

現場に行ってみると、見張りの警察官もおらず、記者もおらず、木と木の間を渡した「立ち入り禁止　栃木県警」と書かれた黄色いテープが風に虚しくはためいているだけです。

私は、近くの3軒の民家を聞き込みすることにしました。1軒目のチャイムを押すと、中から腰の曲がった人の良さそうなおばあさんが出てきました。

「男の人と2人で歩いてた」

「すみません。そこの林で東京の女の子が遺体で見つかりましたよね。この子」と入手していた写真を見せると、「ああ、知ってるよ」。「おとといごろ、おばあちゃん、見たりしていないかなあ」「見たよ」「えっ。1人で歩いてたの？」「うんにゃ。男の人と2人で林のほうに歩いていった」。背筋がゾクッと震えました。

「女の子は林から戻ってこなかったんだよね」「うん、若い男の人が1人で戻ってきて、温泉街のほうに歩いていったよ」「ねえ、警察の人、おばあちゃんに話を聞きに来た？」「いや、来ねえよ」。

翌日の産経県内版は「姿を消した男の行方追う　若い男」という趣旨の記事になりました。

怒ったのは捜査一課です。その日の夕方、捜査一課に顔を出すと、朝日新聞の記者と、Bさんという捜査一課の次長がまさに私の悪口を言っていたところでした。

「産経も堕ちるところまで堕ちたな。これじゃあ、ワイドショー以下だ」

頭にカッと血が上ってしまいました。「おい、人が死んでいるんだぞ。伊達や酔狂であんな記事書けるか。本当なら捜査ミスって書かれても仕方ない話じゃないか。男はどこに行ったんだよ。今からあんたが現場に行って探して来いよ！」

その日からしばらく、出入り禁止を言い渡されました。

数日後、Cさんと交際していた東京都江戸川区の左官の男（20）が警視庁葛西警察署に道路交通法違反（ひき逃げ）と業務上過失致傷の容疑で逮捕されます。

私は出張を願い出て、東京まで押っ取り刀で出立しました。葛西警察署の副署長に聞くと、男は車を運転中に横断歩道を渡っていた男性をはね、そのまま逃げたそうです。男性は重傷でしたが、どうやら死なせてしまったと思ったらしい、とのことでした。

副署長はNさんという人で、見覚えがありました。

「副署長さん、警視庁で刑事部の管理官してましたよね。一課だっけ、二課だっけ」「おう、二課だよ」「やっぱり。話は早いや。刑事部出身のNさんを見込んで聞きますけどね。Cさんを殺したのはこいつだと僕は思っているんだけれども、どう思います？」

N副署長は私の顔を見てニヤリと笑いました。

「あたりまえじゃねえか。大方、心中しようとでも言って連れ出したんだろう」

「さすがは警視庁だ。こんなに嬉しい出会いはありません。ありがとうございました」

私の背中にN副署長は「栃木（県警）の連中がうちの署に来てさ。怒ってたよ。なぜか知らんけど」と言葉を投げました。

検挙率の差は組織しだい？

その後、男は自供しました。「一緒に死んでほしい」とCさんを湯西川温泉に連れ出し、首を絞めて放置したそうです。腕で絞めたため、絞頸痕（首を絞めたときにできる痕）がはっきり残らずに捜査員が見落としたのでしょう。幅が広いもので絞めると、よくこういうことが起きるということは、法医学の本にも書いてあります。

名誉のために付け加えると、栃木県警は別に捜査能力が低かったわけではなく、むしろ優秀な刑事さんが多いのに、人事で報われていない印象を持っていました。3000人少しの中規模県警ですから、実力者に楯突くと報われないという感じだったようです。あくまでも2000年ごろの話ですが……。

一般の企業でも、リーダーしだいでチームの成績は上がりも下がりもします。警察も同じです。刑事たちを束ねる課長しだいで、検挙率まで変わることがあります。

4万3000人を超す大組織である警視庁でも、捜査一課長に人格識見が優れた人物が就くと、検挙率が高くなった印象があります。私が東京社会部に異動したころは、金子和夫さんという方が捜査一課長を務めていました。捜査員から評判のあつい人は、たいてい記者からは煙たがられるタイプが多いのですが、金子さんの場合は双方から絶大な信頼を集めていました。未解決事件は在任中、ほとんどなかったと思います。そのためか、警視庁最高ランクの警察署と言われている丸の内警察署長に異動していきました。

私も一度だけ、金子さんが刑事部兼生活安全部参事官だったときに、ある事件で謦咳(けいがい)に接する機会がありました。

1998年8月、東京都港区のある中学校の先生や生徒の家に、「やせ薬の試薬」と称する薬剤入りの封筒が届きます。中身は劇物の消毒剤クレゾールで、飲んだ男子生徒が喉のやけどをして病院に搬送される事態になりました。

このとき、夜遅くに高輪警察署に駆けつけた金子さんはベロベロに酔っぱらっており、「おう、レクしなくちゃな」と言って座った椅子からひっくり返ってしまい、目の前にいたカメラマンに抱き起こされる始末でした。

しかしレクが始まると、急に正気になり「おい、今何時だ?」と大声で聞くのです。

「9時20分です」。誰かが答えると、「じゃあ、NHKは間に合わないな。次はどこだ?」「ニュースステーションが始まります」「よしっ。たしかテレビ朝日だな。おい、テレ朝、こっちに来い。皆、前を空けてくれ。テレ朝のカメラ、これをよく写してくれ。決して飲まないように、と報じてくれ。頼むぞ!」と、封筒に入っていたクレゾールの容器をどん、と机に置いたのです。

「よしっ」。テレ朝の記者とカメラマンの頬は上気していたように思います。そこにいた全員が、「これ以上被害者を出すな」という思いを同じくするワンチームになった瞬間でした。金子流人心掌握術の一端を見た思いでした。

（注）関東管区（警察局）とは、警察法30条に基づき、設置された機関です。全国の警察は北から東北・関東・中部・近畿・中国四国・九州の6つの管区に分かれています。広域捜査や災害があった場合の調整、管区表彰、監察、警察通信事務などを行います。

警視庁と北海道警はどこの管区にも属さず、関東管区警察局には、群馬・栃木・茨城・埼玉・千葉・神奈川・新潟・長野・山梨・静岡の10県警が所属し、近畿管区警察局には大阪・兵庫・京都・奈良・和歌山・滋賀の6つの府県警が所属します。管区内のそれぞれの府県からは、管区警察局に出向して、帰ってから県警や府警の幹部になるコースがあるので、管区内のお互いの府県警の幹部は顔見知りだったりしますが、関東管区と近畿管区は、キャリア官僚以外はあまり交流がありません。

1989年に静岡・愛知県境で発生した女児誘拐殺人事件では関東管区警察局に属する静岡県警と中部管区警察局に属する愛知県警の連携、無線連絡がうまくいかず、追いつめられた犯人が女児を殺害してしまい、問題になったこともあります。

第6章 事件ニュースが「ぼやけて」きている？

容疑者宅の住所をぼかすようになった理由

大きな事件が起きると、報道陣が現場や容疑者の自宅に殺到しますね。容疑者が警察署にちょうど入っていく瞬間がニュースで流れることも少なくありません。

なぜ、メディアはあれほど正確に、かつ素早く行動できるのでしょうか。

賢明な読者の方々はお察しだと思いますが、警察が現場や関係者宅を教えているのです。

それどころか、2000年ごろまでは、容疑者が逮捕されると「東京都千代田区霞が関1－1－1」というように自宅住所の地番まで詳しく記事に書かれていました。それで何の問題も起きなかったのです。

しかし、「あそこのアパートで殺人事件があったらしい」という風評が立つと、その物件はおろか周辺の賃料相場を直撃し、それまでの半値以下でしか借り手がつかなくなったりすることがあります。瑕疵（かし）物件になったこと自体はどうしようもありませんが、「わざわざ記事にして、広くアパート名やマンション名を知らしめることはないじゃないか」とメディアに苦情が来るようになりました。面倒を避けようというので、「東京都千代田区霞が関」のように地番を抜いて報じるようになっていったのです。

最近では、住所だけではなく、容疑者の名前が伏せられて記事になっていることも結構あります。

風営法違反、出資法違反、暴行のような比較的軽い犯罪に目立つような気がします。逮捕されても不起訴や処分保留になって釈放されそうだったり、起訴はされたけれども罰金刑で済みそうだったりする場合は、「会社員の男（58）」のように匿名で表記してしまうわけです。

かつては、警察は逮捕した容疑者の顔写真もかなりの確率で提供していました。暴力団の取り締まり強化月間などは組員がよく逮捕されるので、提供された顔写真を使って、自家製の暴力団組員リストを作ったものです。

今ではそういうこともなくなりました。これには、ネット社会になって「デジタルタトゥー」という問題が出てきたことが影響しているのかもしれません。

2015年12月22日のさいたま地裁判決というものがあります。

2011年に児童買春・児童ポルノ禁止法違反容疑で逮捕され、罰金刑が確定した男性が、「当時の記事をグーグルで検索すると、自らの氏名や住所などの属性が表示されてしまうのを、削除させてほしい」という仮処分命令を申し立てたのです。

さいたま地裁は「ある程度の期間が経過した場合、過去の犯罪を社会から『忘れられる権利』がある」という趣旨の決定をしました。「忘れられる権利」が初めて正面から認められた決定でした。

犯罪者に「忘れられる権利」はあるか

グーグル社はこれに抗告します。すると、次の東京高裁は「法律で定められたものではなく、要件や効果が明白ではない」として、男性側の削除の申し立てを退けました。さらに最高裁は2017年1月31日、「児童買春は社会的に強い非難の対象とされ、罰則をもって禁止されている」などとして男性の訴えを退け、裁判は終わりました。

高裁判決では「削除することが、表現の自由と知る権利を侵害する」とし、「男性の買春行為は社会的関心が高く、公共の利害に関わる」と判示しました。つまり、グーグルで犯罪履歴を検索し、その人が過去にどのような罪を犯したのか知る権利だってあるだろうというわけです。

最高裁は「忘れられる権利」については踏み込まずに男性の主張を退けた一方で、「知る権利や公共の福祉、表現の自由VSプライバシー権、忘れられる権利」をどのように考えればよいかを判示しました。

ちょっと長くなりますが紹介すると、「事実の性質及び内容、当該ＵＲＬ等情報が提供されることによってその者のプライバシーに属する事実が伝達される範囲とその者が被る具体的被害の程度、その者の社会的地位や影響力、上記記事等の目的や意義、上記記事等が掲載された時の社会的状況とその後の変化、上記記事等において当該事実を記載する必要性など、当該事実を公表されない法的利益と当該ＵＲＬ等情報を検索結果として提供する理由に関する諸事情を比較衡量して判断すべき」としました。

そのうえで、公表されない法的利益が優越することが明らかな場合には、検索事業者（本件ではグーグル）に対し、当該ＵＲＬ情報等を検索結果から削除することを求めることができる、と判断したのです。

あまりに微罪であるのに記事を検索した結果がいつまでも残っているという場合は、記事の削除を求めることができる、とも解釈できます。つまりは、ケースによっては削除が認められる可能性も今後はありうるということです。

一連の判決はメディアに大きな影響を与えたように思います。これ以降、各新聞社、通信社とも、満期勾留の結果、容疑者が不起訴処分となった場合や処分保留で釈放された場合などは、過去記事を削除するようになっているようです。

住所をぼかす記事が増えたのも、先ほどの不動産価値への影響に加えて、こうした判決によるところもあると考えて不思議ではありません。

私自身、産経で2年ほど「WEB編集チーム」というネット記事を扱う部門に在籍していましたが、微罪の場合は一定期間経過すると記事が閲覧できなくなるようにしていました。

「通名」説という陰謀論

ところで、容疑者が匿名で報道されると、最近ではネットにこんなコメントが書き込まれるのをご覧になったことがあるでしょうか。

「容疑者は、本当は在日韓国人である。マスコミがそれを隠して通名（本名ではない日本名）で報道しているんだ」

2001年6月8日、大阪府池田市の大阪教育大学附属池田小学校で発生した児童殺傷事件で死刑になった宅間守死刑囚（執行済み）が逮捕されたときも、ネット上には「在日」

「宅間は通名だ」等の書き込みであふれました。在日とは在日韓国・朝鮮人（在日コリアン）を指すのでしょう。

在日コリアンの方々の名誉にも関わりますので、はっきり言っておきますが、宅間守死刑囚はれっきとした日本人です。「大事件はすべて在日韓国人」などという書き込みは、荒唐無稽であるばかりか、重大な差別に当たると思います。陰謀論に近いものです。

現実には、容疑者の圧倒的多数は日本人です。それはそうです。日本に在日コリアンは約44万人しかいないのですから。

容疑者の国籍について新聞、テレビ各社はどう表記しているのでしょうか。実はメディアには内規のようなものがあり、会社によって異なります。

私が在籍していた産経は「〇〇こと△△容疑者」のように、通名のあとに「こと」をつけて戸籍名を書いていました。

2005年、京都府で教会の牧師が信者の女児らを強姦した事件がありました。逮捕された牧師は在日韓国人で通名も持っていましたが、産経と毎日は「〇〇（通名）こと△△（戸籍名）」と書いています。読売は「△△（戸籍名）」のみ。朝日は「〇〇（通名）」のみでした。

朝日の現役記者から聞いたのですが、朝日は「差別を助長するおそれがある」と通名報道を徹底しているようです。

もちろん、在日外国人は韓国、朝鮮籍の人だけではありません。ベトナム、タイ、米国、中国、ブラジル、ペルー……いろいろいます。この場合に韓国、朝鮮籍の人だけ通名で、あたかも日本人のように報じるというのに違和感を覚えるのは私だけでしょうか。産経記者時代の上司は、「容疑者の国籍をことさら隠し、日本名のようにする必要はないんじゃないか？　それが事実なんだから、判断は読者に任せるべきだ」と話していました。

逆を返せば、通名報道するから「〜で起きた殺人事件の容疑者である××（日本人名）は、実は在日」といったデマがネットで飛び交うとも考えられます。

私自身もちろん在日コリアンの犯罪は何度も記事にしましたが、通名で通したことは一度もありませんし、日本人のように仮装して記事を書いたこともありません。ですからネットの「陰謀」をうのみにしないでいただきたいと思います。どうしても疑問であれば、産経新聞を見ていただければ、戸籍名と通名と両方書いてあります。

なお、帰化した場合はもちろん日本人名で表記されます。警察もいちいち韓国籍から帰化しました、などとは言いません。愛知県のある殺人事件で容疑者が帰化しており、そのためにまたぞろ「なんでも在日」説が一部で出ていたのですが、帰化した以上は日本人ですから、日本名です。

小説『64』でも問題になった匿名報道

ここまで、メディアのぼかした報道が増えてきたとお話ししてきました。ただ、お断りしておきたいのは、それはあくまでメディアの「自主判断」によるものです。警察が匿名で発表するとなると話は別です。

「どうせ匿名で記事を書くなら、警察発表だって匿名でいいじゃないか」と言われそうですが、そういう次元の話ではありません。

第5章でもご紹介した横山秀夫さんの小説『64』には、匿名報道に関するエピソードも登場します。

あるとき、地元の大物県議の係累が交通事故を起こします。警察は匿名発表しますが、記者クラブ側は「実名にせよ」と迫り、ちょっとしたバトルが生じるというストーリーです。

実際、こうしたメディアと警察の広報担当者との侃々諤々は日常茶飯事です。

警視庁担当をしていたとき、あるマンションの一室から薬物が押収されました。容疑者が逮捕されたのですが、レクでマンションの名前が広報されないことを質問されると、薬物対策課長が「マンションのオーナーだって、風評被害があるでしょうが。その辺の事情を考えなさい！」と色をなして怒り出したのです。

これには「薬物を密売する人間に部屋を貸していたマンションのオーナーにそこまで忖度する必要があるのか」と反論する声が出て、結局、物別れに終わりました。

私たち記者は「警察にはできる限り実名発表させよう。実名、匿名はこちらが責任を持って決めよう」と、よく話し合っていたものです。

こんなこともありました。私が栃木県警担当のとき、オウム真理教が栃木県大田原市に本部を構えていた時期がありましたが、そこに右翼団体のダンプカーが突っ込む事件が起きました。信者が3人ほどけがをしましたが、栃木県警は被害者をAさん、Bさん、Cさんと広報するではありませんか。

警視庁でいえば公安部のような仕事をしている警備一課にすっ飛んでいきました。

「オウム真理教という団体は破壊活動防止法の調査対象団体ですよ。今回はけがをした被害者的な立場だとはいえ、その信者を匿名にするのはおかしいんじゃないですか。警視庁なら実名を出しますよ」

われながら「論拠が苦しいかな」と思いましたが、北関東の警察は常日ごろから非常に東京を意識しているところです。「警視庁なら実名を出す」が効いたのかもしれません。幹部は「しょうがないな」と言って、口頭で実名を教えてくれました。

名前を聞いて驚きました。3人のうち〝Aさん〟は、国松孝次警察庁長官銃撃事件のあとに警視庁に電話をかけて「次は大森（義夫内閣情報調査室長）か井上（幸彦警視総監、いずれも1996年当時）がやられるよ」と脅迫したとして、逮捕されたことがあったのです。

実名でつながる点と線

2000年5月、宇都宮市の中華料理店で1人の男が泥酔して大暴れし、居合わせた男性会社員の胸倉をつかみ、自販機に頭をぶつけて1週間のけがを負わせる傷害事件を起こし逮捕されました。

宇都宮東警察署は、傷害の容疑者の名前として韓国籍、閔洪九（ミン・ホング）と広報しました。なにぶん夜のことで、副署長は帰ってしまっており、当直主任の生活安全課長がメディアに対応しました。

その日の産経宇都宮支局の当直は私だったので、当直部屋の布団から起き出して、パジャマ姿のまま当直主任に電話をかけました。閔という名前は、どこかで聞いたことがあるな……。

「当直主任さん、ひょっとして閔って男、北朝鮮の人間だって言っていませんでしたか?」と聞いてみました。毎日放送（ＭＢＳ）の西村秀樹さんという記者が書いた『北朝鮮抑留――第十八富士山丸事件の真相』（岩波書店）という本に出てきた「脱北した兵士」が閔洪九ではなかったか。当時はネットで検索するのも大変な時代でしたから、記憶だけが頼りでした。

向こうは「知らない。3時間前に逮捕したばかりだし」と取り合いません。当直が明けると自宅に走って帰り、本棚にあった『北朝鮮抑留』のページを急いでめくりました。思ったとおり、閔洪九の名前があるではありませんか。

第十八富士山丸は、日本と北朝鮮を往復し交易していた船です。1983年11月、ハマグリを積んで北朝鮮の港を出港後、日本の対馬にさしかかったところで、北朝鮮の軍服を着た男を発見。海上保安庁に身柄を引き渡しました。ところが、男は海保に行くなり「亡命したい」と言い出したのです。その結果、富士山丸は再び北朝鮮に渡航した際、船長の紅粉(べにこ)勇さんら2人がスパイの容疑をかけられ勾留されてしまいます。

その北朝鮮の軍服の男が、誰あろう閔洪九だったのです。

各紙が「韓国籍の男、逮捕」と報じる中、産経だけが「北朝鮮の元脱北兵士を逮捕」と報じたのは言うまでもありません。警察当局が実名を発表していなかったら書けなかった独自ダネです。

匿名報道は冤罪を防ぐのか

社会部の新人記者のころで、警視庁の宿直の見習いをしていたときには、こんなこともありました。

男性が東京駅のホームから転落し、居合わせたサラリーマン2人に救助されます。「無職、Aさん」と広報されたのですが、何となく気になって丸の内警察署の担当幹部に名前を尋ねると、すんなり教えてくれました。「『お祝い事の帰りだ』って言ってましたよ」。

名前を聞いてすぐ「東京高裁の裁判長経験もある大学教授だ」とピンときました。ちょうどその日、宮内庁で叙勲の親授式をやっているのを朝刊でチラッと見ていましたし、何より私は裁判の傍聴が趣味です。彼がキリストの言葉を引用して殺人事件の被告に執行猶予判決を下したという記事も記憶にありました。

キャップの山中保男さんは私の話を聞くと勇躍、大学教授の家に自ら電話をかけ、助けられたときの心境を聞き出してくれました。さらにはサラリーマンの勤務先（信用金庫）に「インタビューさせてください。御社の方が人助けしたんだから」と頼み込んで、2人の肉声も取ることができました。記事は最終版に間に合い、社会部に配属されて初めてのささやかな独自ダネとなりました。

ちなみに、いわゆるショボい事件を大きく報じてもらいたいとき、警察は特定のメディアにだけあえて特ダネを書かせることがあります。これこそ「リーク」です。地方によくあります。

いわゆる裏ビデオを売っていた静岡県清水市（現静岡市清水区）の女性経営者が、県警に逮捕されたことがありました。地元紙が夕刊で「逮捕へ」と前打ち報道をし、写真もでかでかと、連行される女性の様子を詳しく報じました。ほかのメディアにはその夕刊が配達されたあとの時刻になって、ようやくこの事件の広報があったのです。

たしか、猥褻図画販売目的所持容疑だったと思います。量刑は2年以下の懲役または250万円以下の罰金もしくは科料です。女性は略式起訴され、簡裁で罰金刑の略式命令を受けました。

「特ダネとして大々的に扱われるには、本人がちょっとかわいそうだなあ」と思った記憶がありますが、警察の真の意図は今でもよくわかりません。今、こうした略式命令で済むような事件が、1社だけにしかも実名で大々的に報じられた場合、一揉めするかもしれません。

「容疑者の名前は匿名にしろ」とか「起訴するまでは容疑者の実名は伏せるべきだ」という声が、左派的な知識人から出ていた時期もありました。たしかに一理あるとは思いますが、私はやはり実名報道派です。

先日も東京都のK都議がバイクを無免許で運転し、当て逃げ事故を起こしたとして大変な批判を浴び、最終的には辞職に追い込まれました。選挙の前日に事故（無免許運転なので事件ともいえるかもしれませんが）が起きていたのに、警視庁は広報しなかったのです。例の『64』で県会議員の係累の名前を匿名にして隠したのと似ています。もしきちんと広報していたら、その時点で大騒ぎになり、都議は当選していたかどうかもわかりません。

K都議は事故自体を広報しなかったケースでお話になりませんが、仮に広報されても氏名が伏せられていたら確認するすべはありません。あるいは都議候補ではなく、会社員や無職、会社役員などと発表されれば、やはり「一般人の事故か」ということでスルーされる可能性があります。そうして結果的に事件が隠蔽される可能性があるのです。

有名人の事件は大きく報じられるが……

ここまで匿名報道についてお話ししてきましたが、一方で、芸能人や政治家の場合はちょっとした物損事故を起こしても実名で報道されます。不公平ではないのでしょうか。

これについては刑法230条の2第3項（名誉毀損罪）を見るとわかりやすいかと思います。

「公務員又は公選による公務員の候補者に関する事実に係る場合には、事実の真否を判断し、真実であることの証明があったときは、これを罰しない」

また最高裁判決では、「事実の公共性、目的の公益性、摘示事実の真実性又は真実と信じるに足る相当の理由がある場合は、違法性や過失がない」とされます。

法的には、表現の自由や知る権利との兼ね合いから、名誉毀損のハードルが低くなっており、それが実名報道につながっているようです。

ある芸能事務所の関係者は、「民放テレビやスポーツ誌にはいつもお世話になってますからね。問題を起こすタレントも悪いわけで、よほどのことがないかぎりはがまんしますね」と話していました。そこらあたりは持ちつ持たれつなのかもしれません。

私もある芸能人の申告漏れを報じたことがありますが、所属先の大手芸能事務所に取材に行っても最初は「それはＮＧですよ」とかなり強気に対応されました。

とはいえ、新聞社は独立した組織ですから（系列紙としてスポーツ紙は存在しますが）、「記事を書くならうちのタレントは御社の番組には誰も出演させない」といったバーター取引ができません。私がその旨を告げると、あきらめたのか、最後はかなりえらい役職の方が出てきて対応してくれたことがありました。

芸能人のゴシップや事件、事故。どの程度なら名誉毀損にならないのか。どの程度、一般人と差をつけてもいいものなのか。その辺の訴訟をもし起こされたら、司法試験の教科書に出てくるような判例になるかもしれません。

芸能人といえば、逮捕後に勾留されるのはたいてい東京湾岸警察署ですね。『踊る～』に出てくる湾岸警察署は架空の設定でしたが、2008年に東京都江東区青海2丁目に東京水上警察署の新庁舎が完工した際、愛称を募ったところ、圧倒的多数が「湾岸署」を推しました。そこで名称が東京湾岸警察署（愛称：湾岸署）となって、本当の湾岸署が現れてしまったのは有名な話です。

芸能人が管内に多く住んでいるのも一因でしょうが、実は湾岸署は警視庁で最も大規模な、192人を収容できる留置場があります。女性専用の留置場もあります。個室も充実しており、一般の容疑者と一緒にはしたくないであろう芸能人が湾岸署に連れてこられることが多いようです。

第7章 「夜討ち朝駆け」は風前の灯火か？

「刑事が事件の見立てを話す」ことはまずない

最近、ネットで「マスコミは警察のリークを垂れ流している」というコメントを目にすることがよくあります。

ただ、何をもってリークというのか、実ははっきりしていません。仮に、警察幹部が意図的に捜査の流れを一定方向に作り出すために、特定の社に特ダネを与える……これをリークとするならば、私は記者生活でほとんど経験したことがありません。

警察とメディアの癒着を主張する人の中には、根本的な誤解があるのではないでしょうか。そう思うのは、警察から情報を取るのは本当に難しいことだからです。

ドラマ『火曜サスペンス劇場』でよく放映されていた、水谷豊さん演じる記者が事件解決に活躍する『地方記者・立花陽介』シリーズがあります。このドラマでは、警察署内で記者と刑事が仲良さそうに話をしている場面や、警察署の階段を下りながら、警察幹部が事件の見立てを記者に話す場面があります。しかし、現実ではそんなことはまずありません。

静岡支局にいた1年目。私は1カ月以上に及ぶ連日連夜の宿直修業を終えると、正式に静岡中央警察署と静岡南警察署の担当となりました。

朝8時半にはどちらかの警察署に顔を出して、副署長や次長（どちらも警察署のナンバー2ですが、大規模な警察署だと副署長、それ以外は次長になります）のデスクに顔を出して、世間話をしながら、前夜に変わった出来事がなかったか聞きます。

といったところで「何も変わったことはないよ」と返ってくるのが普通です。

当時は刑事部屋に行くことができましたから、静岡中央署の場合は4階から順に警備課、交通課、刑事一課、刑事二課、防犯少年課（今は生活安全課）、地域課と回り、最後に副署長とその周りにいる警務課で課長や職員と雑談をして帰ってくるのが日課でした。

防犯少年課や地域課、警務課、交通課は、課長以下、親しく話をしてくれます。

交通課は「交通安全運動」、防犯少年課は「防犯週間」などの啓発活動の時期になると、メディアにキャンペーンの模様を報じてもらわなければいけません。ですから、普段から無下にはしません。

怖いのは、刑事一課、刑事二課でした。第4章の女性店員殺人・死体遺棄事件でも登場しましたが、殺人、強盗、窃盗事件を扱う刑事一課の熊倉征志課長は、実は人情家でいい人なのですが、外見がいかつく厳しい人でした。

毎日、顔を合わせていると、話すネタもなくなってくるので、つい「今日はいい天気ですね」なんて言ってしまいます。そんなときは、こちらをギロッと一瞥し「見ればわかるだろ。何もないなら帰れよ」とあしらわれるのがおちです。

「ハッポウ」違い!?

知能犯、暴力団を扱う刑事二課も似たような感じでした。堤京一さんという課長でしたが、ニコニコ対応してくれたのは挨拶のときだけで、次からは「何?」「今、忙しいんだよ」といなされてばかり……。お笑いコンビ「ますだおかだ」のネタではないですが、常時〝閉店ガラガラ〟です。

仕方がないので、市民による展示会を短い原稿にして出して（出席原稿といいます）、また夜の7時すぎごろ警察署に戻ります。

警察は午後5時15分に勤務が終わり、基本的に署長、副署長は帰途につきます。代わりに1階警務課の席に各課の刑事、警察官が集まってきて、10人程度で当直態勢に入ります。当直時は、たいがいは警部クラスが、警視庁では「宿直責任者」、それ以外では「当直主任」と呼ばれる責任者となり、以下、警部補、巡査部長、巡査長、巡査で構成されます。

「昼に話を聞けないなら夜になったら何か話してくれるかな……」なんていうのは浅知恵で、ほとんどは昼と代わりばえしない無為な時間が続きます。

「○○さん、最近は忙しいんですか」

「……」

だいたい、「忙しいんですか」と聞かれて答えてくれるわけもなく、これがいかに愚問であるか気づくのに3~4カ月の歳月を要しました。

ある夜、警察署内にいたときこんなこともありました。突然、警察無線で「○○宝石店でいじょうはっぽう」とアナウンスが流れると、当直の刑事たちが脱兎の如く署外に飛び出していくではありませんか。私もあとを追いましたが、パトカーは自転車を必死に漕いでいる私をあっという間に置きざりにしていきます。仕方がないので署に戻り、残っていた警察官に「どこの暴力団が発砲したんですかねえ」と聞くと、「そんな意味じゃねえだよ」。お前はバカか、という顔です。

「はっぽう」は発砲ではなくて、発報でした。つまり感知器が鳴動したために出動しただけだったのです。ネズミが入っただけでも鳴ることがあるそうで、たいがいは何もありません。まさに〝発報鳴動してネズミ一匹〟です。

ただ、「ネズミだろう」と放置して万一、本当の窃盗事件などが発生していたら警察の責任問題です。ですから異常発報があるととりあえず現場に急行するのです。まあ、こんな感じで、素人同然の新米記者が的の外れたことを聞くので、相手にしてくれるわけがありません。

「ドラマのようになんて全然しゃべってくれない」。そう痛感するとともに、自分には記者の適性がないのかもしれないと、今どきの言葉でいうと「凹んだ」ものです。

このように、リークどころか現実はまったく逆で、警察とメディアの関係は実に緊張感のあるものなのです。

警視庁や東京地検特捜部では、捜査妨害や意に沿わない記事が出ると、担当記者を「出入り禁止（出禁）」にします。それも結構な頻度です。このことも、リークがない傍証といえるかもしれません。警視庁担当時代は、私を含め産経のほとんどの記者が出禁を食らっている始末でした。不思議なことになんとかなってしまうもので、記事に支障はそれほどありませんでしたが……。

リークであやうくやけどするはめに……

とはいえ、正直にお話しすると、私には一度だけリークに飛びついて痛い目に遭った経験があります。

ある日、警視庁内の保安課の部屋に入ったときに、「おーい」と声をかけてくる人がいます。

保安課には風紀第一係、風紀第二係といって、猥褻ビデオや動画を取り締まる担当や売春捜査を担当する係があります。ほかにも総務係のような部署、ソープランドや派遣型風俗店のような店側を取り締まる査察係、不法就労助長罪をもっぱら取り扱う係など、6つほどの係にそれぞれ管理官がいました。扱う法令が非常に広く、地味と言えば地味なのですが、逆にどっぷり浸かると非常におもしろい部署でした。

取材していてとくに楽しかったのは賭博犯でした。当時は新宿・歌舞伎町だけで100近い非合法な裏カジノバーがあり、捜査員は日夜、摘発にいそしんでいました。

声をかけてきたのは、まさにその賭博犯担当の管理官でした。時代劇に出てくる悪代官にそっくりの怖い顔をしているのですが、非常に快活な人物で自宅にもよく伺っていました。その人が「特ダネだ、特ダネ」と大きな声で言うのです。周囲に聞こえてもいい特ダネとはいかに、と若干引っかかりつつも、聞かないわけにはいきません。

「○○って国知っているか」「アフリカの今、内戦している国ですよね」「都内の大使館でカジノやっているぞ」「本当ですか？」「ああ。どうだ、産経さんで紙面取れないか？」「お安い御用ですよ。大使館の治外法権を悪用したケースだというトーンで書けますよ」と返すと、「そう言ってくれると思ったよ」と、管理官はニヤリと笑いました。

ご存じの方もいると思いますが、ウィーン条約によって、外国の大使館や領事館は不可侵とされ、治外法権となっています。つまり、大使館の中で違法な行為――カジノの胴元は賭博場開帳等図利罪に該当します――が行われていても、警察は手が出せません。

さっそく翌日から麻布にある大使館ビルに向かいました。インターホン越しに「中には入れられない。ムリデスネ」の一点張りです。らちが明かないので、張り込むことにしました。

夜になると、高級車やスポーツカーがつぎつぎと乗り付けては、人々がビルに入っていきます。一緒にいたカメラマンは手際よく彼らをフィルムに収めてくれました。

警視庁クラブに戻ってこの話をすると、大盛り上がりでした。日ごろは厳しい宮本雅史キャップも、「これはおもしろいな。大騒ぎになるぞ」と相好を崩しています。

保安課長から見せられた写真には……

翌朝、産経の1面トップで「大使館内でカジノか」と打ちました。警視庁クラブは蜂の巣をつついたような騒ぎです。

そんな中、宮本キャップから「三枝、〇〇国大使館から何度も電話が来ているぞ」と言われました。大使館に折り返し電話すると、「すぐに来てもらえないか」。

再び麻布の大使館に向かい、部屋に一歩足を踏み入れてギクッとしました。大使夫人のほかに5〜6人の男が待ち構えていたからです。

「あなたが産経新聞の記者ですか。私は弁護士の〇〇と言います」と弁護士は名刺を差し出しました。横にいた強面の男も続いて立ち上がり「日本〇〇国友好協会　理事」という名刺を出すと、「あんた、どう落とし前つけてくれるんだ？　バカラ台がここにあるか？　何もないじゃないか。日本と〇〇国の外交問題になるぞ」とすごまれました。

大使夫人は「主人の留守を預かっているのに、こんな事実無根の話を新聞に書かれて、何と申し開きをすればいいの？」（通訳が訳してくれました）と泣き出す始末です。

困ったことになったぞ。すっかり狼狽した私は「で、何かご要望でも？」と聞きました。

「ご要望ってあんた、あんたが会社を辞めて済む問題じゃないんだぞ」と理事は怒鳴りました。「社に持ち帰って後日回答します」と答え、ほうほうの体で大使館をあとにしました。

警視庁に戻って、保安課長Ｆさんと話をすることになりました。

するとＦさんは「三枝さん、報道は間違っていませんよ」と笑みを浮かべると、デスクの引き出しをおもむろに開けました。「ほら」とテーブルに出したのは、１枚の写真です。大使館の非常階段から、男が４人がかりで大きなバカラ台を運び出しています。顔もはっきりと写っていました。そのうちの１人は「日本○○国友好協会」の例の理事でした。

「すみません、ちょっと貸してください」と手を伸ばすと、課長は写真をスッと引っ込め、「これは官有物ですから、貸せません。あとは三枝さん、あなたの裁量でなんとかしてください」。そう言ってフッと笑ったのでした。

さて、どうしたものか……。思案した私は、大使館に電話し、もう一度会いたいと頼みます。部屋には前回と同じメンバーが顔をそろえていました。

「人生、終わったかと思った」

「わざわざお集まりいただき、申し訳ありません。会社からの回答をお持ちしました。初めに申し上げておきますが、謝罪や訂正記事を出すことはできません」

言うや否や「何だとっ」と理事が弾かれたように立ち上がりました。

「いえ、理事さん、あなた、うちの記事が出た日の朝、このビルの非常階段を使ってバカラ台を運び出しましたね。カメラマンが張り込んで撮っているんですよ。あなたの顔もはっきり写っていた。明日の朝刊でその写真を掲載するつもりですが、どうしますか？」

虚を突かれたのか、理事は「えー」と言葉にならない言葉を発しました。

「こちらをバカにするようなことを言ったのを撤回するのでしたら、私は矛を収めますよ。どうしますか？　今、ここで決めてください。明日の朝刊に出しますよっ」

ありったけの力を込めて言いました。ただ、声は震えていたかもしれません。

理事と弁護士は顔を見合わせました。弁護士は「いや、日本との外交関係もあるし、これ以上、ことを荒立てるつもりはないんですよ」と言い、理事も「もういいよ、わかってくれたら」と続けました。

「いいですね、これでおしまいですよ。あとでウダウダ言いっこなしですからね」。わざとポケットに両手を突っ込むと、理事の顔をにらみつけました。

外に出て、1階に下りるまでポケットに手は突っ込んだままでした。建物の外へ出ても、大股で歩き続けました。路地を曲がり、さすがにここは見えないだろうというところまで来ると、へたへたと座り込んでしまいました。

「人生、終わったかと思った……」。ポケットに入れた手はガタガタ震えていました。

後日、保安課の刑事さんにことの顚末を話すと、彼はゲラゲラ笑いながら「そりゃ、三枝、君は課長に嵌められたんだよ」と言います。「あんたはなんでも書きそうじゃないか。課長と管理官が『朝日や読売はダメだ、慎重居士だから。産経の三枝ならダボハゼのように食いついてくる』って言ってたよ」「ダボハ……」「警察は大使館の中には入れないからな。新聞に書かせていぶり出したってことだよ」

ダボハゼ呼ばわりされていたのもショックでしたが、「嵌められた」のはもっとショックでした。課長が絵を描いて私がピエロになり、その私に誘い水をかけたのが管理官だったというわけです。「特ダネ」はかくも恐ろしいものなのです。これこそ「リーク」といえるかもしれません。例外中の例外ですが。

「捜査関係者によると」の裏側

やや脱線してしまいました。警察によるリークはないとして、では、ニュースでよくある「捜査関係者によると……」という表現は、どういうことでしょうか。

たとえば「『事件の解決は近いとみられる』と捜査関係者は話している」という文を見て、「刑事や検事がリークしているんだろう」と思われるとしたら、それは誤解です。

神戸新聞社の2024年の「RECRUIT」という、おそらくは新入社員募集に関するサイトに、こんなものを見つけました。同社で兵庫県警捜査一課、三課担当をしている井上太郎さんという記者が書いたものです。

「テレビのニュースや新聞記事で『捜査関係者によると○△□×』と報じられているのを目にしたことはないでしょうか。警察の公式発表ではないことを表しており、その代表的な取材手法の一つが『夜討ち朝駆け』です。捜査員の出退勤を見計らい、ひっそりと庁外で会って話を聞くことを指します」。このあとも、井上さんによる夜討ち朝駆けの興味深い苦労話が続くので、興味のある方はぜひ読んでみてください。

知っていただきたいのは、広報でもリークでもない、地道な取材活動で記者は捜査関係者の情報を引き出しているという事実です。

夜討ち朝駆けとは、刑事さんの家に早朝・深夜に取材に行くことで、夜討ちは夜回りともいいます。新人にとって夜討ち朝駆けは〝記者としての洗礼〟のようなものでしょうか。先輩記者が笑いながら「わしも記者1年生のころは必死に回ったもんや。血ヘドを吐いてがんばるんやでえ」などと脅してきたものです。

さすがに血ヘドは吐きませんが、血尿くらいは出ました。最初の半年間はほとんど何も特ダネ記事になりそうなネタは取れませんでした。それでも夜回りを続けるうちに、だんだん捜査員の自宅に上げてもらえるようになります。

本書でレクや広報は何度も登場しましたが、レク、広報、あるいは記者会見といった形で〝公式発表〟される事件は全体の一部でしかありません。

記者会見が開かれても、犯罪の概要、逮捕なら容疑者の氏名、住所、職業など、ごく一部の基本的な事実しか発表されません。

レクも同じです。とくに、第2章で少し触れたように、東京の警視庁や大阪府警は原則として会見をやりませんから、基本レクだけです。

たとえば私が殺されたとしますと、レクでは私の大まかな出身地、学歴、職歴、家族構成くらいは明らかになります。仮に屋内で殺害されていたときは、玄関のドアが施錠されていたか、死亡推定時刻はいつごろか、遺体にあったのは刺し傷か、打撲か、首を絞めた痕か、何カ所くらいか、これも隠さないと思います。前日の夜に友人からの電話があり、それに出た形跡がある、というあたりまで出すかもしれません。

「ずいぶん話してくれたな」とほくほくしながら自席に戻ってよく考えると、記事になるような情報はほとんどありません。東京や大阪は記者の扱いが巧みというか、話しているようで、捜査の秘密は一切話していない。レクがうまいのです。だから各社、同じような記事が載るのです。

もっと小さな事件ですと、警察署名が書かれた「ペーパー」が記者クラブに投げ込まれるだけです。夜間だとペーパーを投げ込む代わりに、警察本部や警察署から記者クラブの幹事社に電話で連絡が入ったうえで、ファクスで一斉送信します。記者クラブには連絡網があるので、それに沿って順次電話で知らせていきます。なかなか〝昭和〟なしくみです。

警視庁や大阪府警の場合は、本部本庁の広報課にも当直の警察官がいて、その警察官がわざわざ記者クラブの各社のボックスを回って「広報です」と記者を起こしてくれます。大きな事件だと、記者クラブに設置されているスピーカー越しに警察官の声で広報があり、それでわかるようにもなっています。

いずれにせよ、警察からの公式な情報は本当に微々たるものなのです。あとは記者が自分で取材するしかありません。その象徴ともいえるのが夜討ち朝駆けであり、夜回りであるわけです。

ライバル社との特ダネ競争

しかも、記者は他社とのスクープ競争につねにさらされています。

とくに「着手（捜査や逮捕）」の日をスクープするというのは各社にとって〝目玉〟です。怒羅権（ドラゴン）という中国系の半グレグループがおり、そのリーダー格を警視庁少年二課（今は少年事件課）が内偵していました。私はある刑事にそのことを聞いていて、いいタイミングで記事にしたいと思っていたのですが、その肝心の刑事さんが、あるときから急に会わなくなってしまいました。家の呼び鈴を押しても居留守です。

仕方がないので待ち伏せしたところ、「三枝君、この事件は勘弁してくれ。参事官指揮の重要事件なんだよ。俺（が情報源）だってバレたら、課にいられない」と言います。「いやいや、そんなことありえませんよ。大丈夫ですって」となだめますが、かたくなです。数日後、どう考えても近日中に着手だろうという情報をつかんだので、もう一度刑事さんに聞くと、「う〜ん」と言ったきり教えてくれません。しかし、否定はしないので、間違いなくXデーは近いと確信しました。

キャップの宮本さんは、東京地検特捜部担当だった頃、「仙台市長に1億円」という見出しでゼネコン汚職の本格的な幕開けをスクープし、日本新聞協会賞を受賞した産経新聞きっての事件記者でした。

「おい、お前が言っていた怒羅権はどうなっているんだ」「近いのはわかっているんですが、Xデーが取れないんです」「もう打っちまったらどうだ」「いえいえ、この間、それをやって死ぬほど怒られましたから、今回は……」「他社に抜かれたらお前……（承知しないぞ）」。

これはなんとかしなければ。忘れもしない日曜日の夜、少年二課長（現・少年事件課長）

の官舎だったか自宅だったかを急襲しました。

課長は家に上げてくれ、顔色一つ変えず「明日はないよ。絶対にない」と言います。「課長、もしそれで明日だったら、僕はただじゃすみませんよ。近いのはわかっている。絶対に明日じゃないんですね」「明日じゃない。俺の目を見てくれ。嘘を言っているように見えるか？」。課長は大真面目に顔をこちらに向けてきます。

「わかりましたよ。キャップには明日はない、と報告します」と答えて警視庁クラブに戻りました。その後、キャップや同僚と四方山話で盛り上がっていると、「三枝さん、三枝さん」と私を呼ぶ声がします。

「ＮＨＫの○○です」。声の主は、ＮＨＫの生活安全部担当記者でした。

廊下に出ると、「いや、最近、夜回りで忙しくて、体がなまっちゃいましてね。バッティングセンターにでも行こうと思うんですが、どうですか」と誘ってきます。

急に変な話だなとは思ったのですが、別に断る理由もないので、歌舞伎町まで行きました。

「カーン」「カーン」

二手に分かれて、その記者と私は2セットほど打ったでしょうか。その間、記者がやけに時計に目をやっているのが、引っかかりました。

夢幻と消えたスクープ

「さあ、帰りましょうか」「はあ」

宮本キャップには「明日はゆっくり出勤しますんで」と言って、自宅に帰りました。

翌朝、警視庁クラブの後輩記者から電話で叩き起こされました。

「大変です。怒羅権の一斉逮捕、午前9時20分から管理官がレクするそうです」

「ええっ⁉」

慌ててスーツに着替えて警視庁クラブに駆けつけると、宮本キャップは「話が違うじゃねえか！」とカンカンです。

「くそ、だまされた」と同じ階にある少年二課まで一目散に走ると、開いているドアの間から「課長、課長！　どうなっているんだ、課長！」と怒鳴りました。

庶務係長と目が合うと、「課長はいないよ。急に用事ができたとかで」と言ったきり、笑いをかみ殺しているように見えました。

「逃げたな……」

後日、課長はさんざん言い訳したあとで「いやあ、悪いことしたねえ。実はね、（着手を広報した）10月1日は中国の国慶節（建国記念日）なんだよね。だからXデーはあの日に決めてたんだ」と笑っていました。何だか「国慶節を知らないお前が悪い」と言われたみたいで、がっかりするやら腹が立つやら。一応、世界史で大学受験をしたので、知ってはいましたが……。

警視庁の、とくに生活安全部は験を担ぐのが好きな部署で、大きな事件で関係者を一斉逮捕するときは必ずといっていいくらいに大安の日でした。記者の間でもだんだん「大安は危ない」と言われ始めたため、大安ではない日に着手したことがありましたが、それでも「先勝」でした。逮捕は午前中に行うものなので。

さらにあとでわかったことですが、NHKも怒羅権を追っていて、私と同様Xデーが近いと踏んでいたそうです。そして、なぜか私もこの件を追っていることを知っていました。そこで私を外に誘い出し、見張っていたわけです。

最終版の〆切は午前1時半ごろです。もしそれまでに私が「帰る」と言い出したり、コソコソ電話したりし始めたら、NHKは夜中の2時とか3時のニュースで報じてしまおうという腹だったのではないかと思います。案外、情報源にしていた刑事さんも同じ人だったのかもしれません。

「他人より1日早く逮捕をスクープしたとして、それが何の意味があるのか」と思われる方もいるでしょう。そのとおりです。実際、日夜スクープ合戦を繰り広げている記者たちも、スクープを「目的」としているわけではありません。

事件や事故が起きた際、「警察がどのような根拠で容疑者に迫っていくか」のプロセスを注視し、伝えるのがメディアの仕事であり、一番の目的です。その結果として「容疑者に逮捕状」がすっぱ抜けることもあれば、そうでないこともある。スクープは結果であって目的ではないことは、かつての私も含め事件記者たちは肝に銘じていると思います。

警察の口はめちゃくちゃ堅い

あくまでも私の実体験に基づく肌感覚ですが、警察は100の事実を握っていても、最大でも10程度しか表には出さないのではないでしょうか。10というのは警視庁の場合で、地方になるとさらに少なくなると思います。

山梨県上九一色村（現富士河口湖町）の青木ヶ原樹海で1992年9月、23歳の男性が拳銃で撃たれた遺体で見つかる事件が起きました。現場は山梨県ですが、被害者は静岡県伊豆長岡町（現伊豆の国市）に住んでいましたので、山梨・静岡の両県警で捜査することになりました。

このとき、甲府支局にいた大島真生記者が涙声で電話をかけてきて「静岡県警の広報文はどうなっている？」と聞くのです。なんでも、山梨県警は「上半身に数発を撃たれた遺体で発見」とだけ広報し、あとは「秘密の暴露に当たるから教えられない」ととりつく島がないそうなのです。

はてどうだったかな、と静岡県警の広報文を探して手に取ると「腹部に3発、胸部に2発」と書いてあります。大島記者にそう告げると「くっそ〜。人をバカにしやがって。何が『上半身に数発』だよ。こんなものが秘密の暴露に当たるか！」と受話器の向こうで悔し泣きしています。

ただ、それであきらめる記者ではありません。静岡県までやってきて1人で伊豆半島を走り回り、被害者が殺害された日の直前の時刻とみられるころ、男女7人と「すかいらーく」に立ち寄っていた、というところまで聞き出してきました。はたして容疑者はその7人の中の1人でした。事件発生から22日後、合同捜査本部は被害者の中学時代の同級生である鋳物工場の工員（23）を逮捕しました。

当時、私は事件が続いていてクタクタだったのですが、大島記者に「お前、こんな大事件があるのに支局でボケッとしていていいのか。こっちまで来いよ」と言われ、深夜に静岡から伊豆長岡まで車を飛ばし、彼がすでに仲良くなっていた「すかいらーく」の女性店員から一緒に話を聞いたのも思い出です。

逮捕の朝、「容疑者逮捕へ」は独自ダネとして山梨県版に大きく載りました。「県警にバカにされた」と泣いた大島記者のド根性がスクープの源だったのは間違いありません。

地方警察が発表時にとくに口が堅いのは、殺伐とした事件が少ないこともあって、何を話していいのかいけないのかを判断するのが難しい事情もあるのかもしれません。私も以前、会見で「遺体はうつ伏せでしたか、仰向けでしたか」と質問した際、「捜査上の秘密です」と答えられたことがあり、思わず「うつ伏せか、仰向けかなんて、2分の1の確率じゃないですか。容疑者が正しく言えたとしても、秘密の暴露にはならんでしょう」とのけぞってしまったことがあります。

一番ツイていた事件

地方の会見やレクの時の口の堅さは、1995年7月5日、福島県須賀川市で祈禱師を自称する女が6人を殺害した事件のときも痛感しました。

たまたま宿直明けで、産経本社の編集局で夕刊の編集作業に入っていたのですが、例の共同通信のピーコが鳴り、「福島県須賀川市で民家を県警が家宅捜索したところ、ミイラ化した6体の遺体を発見しました」とアナウンスが流れたのです。

その日の岳中純郎さんというデスクがこちらを一瞥して「行きたい奴、いるか」と言いました。私は迷わず一直線に右手を挙げ、押っ取り刀で新幹線に乗り込んだのです。

しかし、須賀川警察署の記者会見に出て、言葉を失いました。この時点で祈禱師以下4人が逮捕されていましたが、容疑者の氏名、住所、職業、容疑事実と書かれたペーパーのほかは、ほとんどの質問に「わかりません」「捜査中です」「これから調べます」の連続だったのです。この会見だけで記事を書こうと思ったらどう考えても30行がやっとです。これでは何のために出張に来たのかわかりません。

当時、産経は「福島県版」を発行しており、そのページも作らなければなりません。さらに悪いことに地元警察に知り合いはいません。

事件取材をしていると「ツイている事件」「ツイていない事件」というものがあります。このときは私の記者人生で最もツイていた事件といえたかもしれません。

収穫ゼロの記者会見場を出て、須賀川市の現場に着いたときは日が暮れかかっていました。地元の福島支局の記者が事件の概要を教えてくれたのですが、そのとき「参考に」と渡されたのが、地元紙『福島民報』の号外でした。

その最後の行に「近所の人によると、民家から信者が脱走する騒ぎもあったという」と一文がありました。号外というのは、極めて短時間に出すものです。おそらく福島民報の本社記者が、現場の近所の人に電話で聞いた程度の取材しかできなかったはずです。その記事で「脱走騒ぎ」というファクトが書かれている。じっくり地元で話を聞けば、70～80

行の記事にはなるはずだ。

すぐに福島支局の記者2人と私の3人で、住宅地を三つに分けて「地取り」取材を始めました。警察でいう「聞き込み」です。現場の住宅地一帯はもう闇に包まれ、玄関の明かりがあちこちで点灯したころ、「三枝さ〜ん」と私を呼ぶ大きな声がしました。地元支局の小松勉記者でした。

「捜査関係者」と腹の探り合い

小松記者の顔は上気していました。ある住民が脱走騒ぎについて話してくれたのです。「失禁しながら逃げてきた男性がいたって……。どうもその人がミイラ化した遺体の一人だったみたいです」。男性は住民に、「(逮捕された祈禱師から)究極のお布施をしろと言われた」と、財産を狙われているようなことも話していたそうです。

これは、翌日の全国版社会面朝刊のカタ(2番手)の記事になりました。

別の地元記者は、閉まる寸前の法務局に飛び込んで土地登記簿謄本を取ってくれました。これも私が頼みました。はたして、容疑者の祈禱師の家は競売にかかっていました。日ごろの生活の資金繰りにも窮していたわけです。こちらは詳報を県版に書きました。

このように、事件が発生した初っぱなは、ツキにも恵まれたりしつつ自力の取材でなんとかなることがあります。しかし、3日目、4日目となってくると、もうネタがなくなってきます。あとは捜査関係者から独自の話が取れるか取れないか。続報を書くうえでは死活問題です。

須賀川警察署で県警本部の広報官（警視庁、大阪府警や県警の一部は広報課長ですが、中小規模の警察ですと、課になっていない警察本部があります。当時、福島県警の広報部門の責任者は課長ではなく、広報官でした）と、こんなやりとりをしました。

「容疑者は凶器を供述しているんですか」「棒状のものとしかお答えできません」「棒状のものって太鼓のバチじゃないですか」「なぜですか」「近所の人がドンドンと容疑者の家から太鼓の音が聞こえてきたって言っていましたよ」「さあ、棒状のもので殴られたとしか、司法解剖ではわかりませんがねえ」「いえいえ、容疑者の、太鼓のバチで殴ったという供述があるのかということですよ」「供述は答えられませんよ」

らちが明きません。ふと警察署の玄関に目をやると、現場から帰ってきたのでしょう、鑑識課員の制服を着た捜査員が入ってきました。紙袋を両手に提げています。

紙袋の端から太鼓のバチが覗いていました。

「太鼓のバチ、押収しているじゃないですか」「……」「書きますよ」

翌日の記事の見出しは「凶器は太鼓のバチの可能性　警察が押収」になりました。

「広報官、だましましたね」

逮捕された祈禱師ら4人の容疑は傷害致死でした。1人目は「バチで折檻を加えているうちに誤って死んでしまった」という主張が容疑者側から出てくることを考慮して、容疑を殺人にしなかったのではないかと思われます。

しかし、2人目からはそうはいきません。どれくらいの暴行を加えれば死んでしまうのか、犯人は経験則でわかっていますから、2人目からは殺人で立件するだろうということは、私たちにも容易に想像がつきます。続報では「死ぬと分かっていて暴行か」と書きました。

そんな中、広報官と、あることでぶつかってしまいます。送検される容疑者の写真を撮りたいと思い、「容疑者たちはどこに勾留されているのですか」と聞いたところ、「須賀川署です」と言います。「いや、容疑者が4人もいたら一カ所に勾留はしないでしょう。勾留先は須賀川署と、あとどこですか」と念を押したのですが、広報官は「いや、須賀川署だけです」と断言します。

ところが翌日の地元テレビ局のニュースを見て仰天しました。2人の容疑者が須賀川署と隣接する白河警察署から出てくるところが撮影されていたのです。

広報官のところに飛んでいって、「だましましたね」と警察署中に響くような声で言いました。「東京から来たよそ者だと思って、嘘を教えたんでしょう？　地元記者には事実を教えたのに」。

卑怯なようですが、半分は演技でした。広報官が口は堅いが、実直で誠実な人だと知っていたので、強く言えば効くのではないかと踏んだのです。

広報官は「私だって東京の人が嫌いなわけじゃない。警察庁に出向していたときは、産経の政治部の人と飲みに行ったりしていたんですよ……」としどろもどろです。聞くと、その政治部記者は私も知っている人でした。そこから一転、話が弾み、仲直りと相成りました。

「今晩、暇ありますか。飯でも食いませんか」。広報官の方も私に悪いことをした、と負い目があったのでしょう。その後、「捜査関係者によると……」という記事を何本か書くことができました。某署の刑事課長をしていたときの部下から捜査情報をわざわざ聞いてくださったようでした。

福島県人の人情深さを見た気がします。今から30年近く前の事件です。かなり経っているので、時効ということで……。

夜回りで誤報を防いだことも

宇都宮支局で県警担当をしていたころには、夜回りのおかげで、間違った記事を書かずに済んだこともあります。

栃木県矢板市のコンビニで夜、「トイレを貸してほしい」と店にやってきた19歳の男性がそのまま倒れて亡くなるという傷害致死事件が起きました。

男性は地元の暴走族のメンバーでしたが、コンビニにやってきたときは歩くのもやっとで、若い女性に肩を借りるほど衰弱していたそうです。

県警は捜査一課と少年課を投入し、暴走族の仲間割れのようなトラブルが背景にあったのではないか、と捜査を始めます。メディア各社とも矢板警察署に張り付いて、捜査員や幹部の動きを見守る状態になりました。

日が暮れてきたころ、突然、警察署から少年課長が出てきました。捜査初日ですから、深夜まで帰らないのが普通です。記者は少年課長をわっと取り囲みました。

「何か動きがあったんですか」「うーん、まあ、難しい事件じゃないわな」「容疑者が浮かんだということですか」「まあ、皆さんを何日も煩わせることにはならないと思いますよ」

課長の表情から察するに、近日中がヤマではないかという感じでした。

朝方になり、まだ矢板署にいた私は、警察の覆面パトカーが署を出て行くのを見かけます。こっそりあとをつけました。車は市営住宅の一角で止まると、「○○君はいるかい？警察だよ。ちょっと来てくれるか」という声が聞こえてきます。

「これは逮捕になるぞ」。はやる気持ちを抑えて、自分の車に戻り、懇意にしている捜査一課の刑事さんに確認の電話をかけました。

ところが、事件解決間近で高揚しているはずの刑事さんの声に元気がありません。「なあ。足立っていう宇都宮地検の次席検事、知ってるかい？」と逆に聞いてくるのです。

「少年の手には殴ったあとがなかった」

「足立敏彦さんですね。東京地検の特捜部にいた凄腕だって聞いていますよ」

「本当かね、それ」。刑事さんはチッと舌打ちをしました。「実はな、今日、ガキが1人出頭してきたんだよ」「えっ」「ところが、県警本部の少年課長が逮捕状を請求しようと宇都宮地検に協議しに行ったら、足立次席が『逮捕状の請求は許可しない』って突っぱねたらしいんだ。頭おかしいんじゃねえか？　逃げられたり、証拠隠滅したりしたらどうするんだよ」といらついています。

「そうですね。でもいずれにせよ、これは今夜中の逮捕は無理ですね」

「ああ、当分ないない。地検の次席があれじゃあ」

産経は「逮捕へ」という記事は見送りました。翌日の朝刊では、朝日が栃木県版で「逮捕へ」と書きましたが、その日の逮捕はやはりありませんでした。それだけでなく、事件の動き自体ぴたっとなくなってしまいます。

翌週の火曜日だったか、件の刑事の家に夜回りに行きました。

「おう、この間の事件だけどさあ、出頭してきたガキ、犯人じゃなかったぞ」

「ええっ、違ったんですか。危なかった。誤報を書くところでしたよ」

出頭してきた少年はにせものだったのです。真犯人は、コンビニで被害者に肩を貸していた女性の兄でした。暴走族のリーダー格の男Aで、些細なトラブルから被害者を殴りつけたところ、死亡してしまったという顛末のようでした。

「足立次席、すごいわ。さすが元東京地検特捜部」

「この間と言っていることが全然違うじゃないですか。それにしても足立次席はなぜ、出頭してきた少年が犯人ではないとわかったんですか」

「拳だよ、拳」。刑事さんは自ら拳を作って私の目の前に突き出しました。

「マルガイ（被害者）の歯は殴られた拍子に飛んでいたんだ。でも、出頭した少年の手には傷がなかった。この子は真犯人じゃない。だから足立次席は逮捕状の執行を許可しなかったんだな。捜査一課と少年課で調べたら、Aって奴が事件のあとにいなくなっている。埼玉の友達の家にいるところを急襲して、『おい、手を見せろ』と右手を押さえたらさ、パックリ割れてやがんの。俺、ぞっとしたよ」

私もあのとき、刑事さんに電話をしていなかったら、朝日と同じ誤報を打っていたかもしれません。

非公開だからこそ解決する事件もある

また、警察は、捜査情報の一部をあえて伏せて広報することもあります。

1988年11月7日に静岡県伊東市川奈で殺人事件が発生しました。ある民家の駐車場に停められた車のトランクから、21歳の女性の遺体が発見されたのです。車両の持ち主で10月25日から行方不明でした。

静岡県警伊東署は一報を新聞、テレビ各社に伝えるとともに、静岡県警捜査一課は伊東署に捜査本部を設置して本格的な捜査に乗り出しました。

遺体の顔には黒いビニール袋が被せられており、県警はこの事実を広報しました。

近親者の犯行の可能性が高いと見た捜査一課は家族から事情を聴いていたところ、姉(25)が「2階の自室にいると、階下からドスンドスンと音がした。降りて行くと、車庫に向かう人影があり、それは父のようでした」と供述したのです。

色めき立った捜査一課は父親（56）を追及しました。当初は娘の失踪に気づかなかったと話していた父でしたが、昼ごろから始まった取り調べが夕方になったころ、「わしが殺しました」と自供したのです。

取り調べに当たっていたのは、この本にも何度か登場していて当時、捜査一課課長補佐（警部）だった熊倉さんでした。ところが熊倉さんが「なぜ殺したんだ」と聞くと、「娘が可愛いから殺した」とわけのわからないことを言います。

黒いビニール袋の中の顔は、ガムテープがぐるぐる巻きにされており、しかも髪を挟まないように器用に巻かれていました。このガムテープの存在と巻き方は、犯人しか知り得ない秘密です。

しかし、父親にいくら水を向けても、一向にその話が出てきません。秘密の暴露ができない父親は犯人ではない。熊倉さんはそう確信したそうです。

犯人は「父の人影を見た」と話していた姉でした。姉は男にだまされ、借金を重ね、妹からも金を借りていました。無断で妹の預金通帳と印鑑を持ち出し、それがバレて叱責され、カッとなって殺害したのでした。ガムテープの巻き方もスラスラと説明しました。

ガムテープの件は、最後まで広報されませんでした。広報され報道されていたら、姉は自供しなかったかもしれません。事実を伏せていたからこそ、目の前にいる容疑者が犯人であるのか、そうでないのかを判断できることもあります。

第8章　大新聞で事件記事が減っている？

「逮捕し、発表した」はメディアの〝自戒〟

「他人のキャッシュカードを使って現金１４０万円を引き出したとして、大阪府警は18日、千葉県市原市の中学生の少女（15）を窃盗容疑で逮捕したと発表した」（『朝日新聞デジタル』２０２３年1月18日正午付けより）

最近、事件を報じる新聞記事に「〇日、逮捕し、発表した」という記述が増えた気がします。私が警察を担当して１９９１～２００１年ごろにはなかった表現です。これも実は、警察とメディアの緊張感を表しています。

つまり「逮捕した」ではなく「逮捕したと発表した」とすることで、警察の広報をうのみにして書いているわけではない、一線を画しているのだ、という意思表示なのです。

メディアは権力の監視が仕事ですから、警察がちゃんと事実を公表しているかどうかウォッチするのは当然です。そのうえでわざわざこのような書き方をするのは、警察が捜査の針路を誤ったとき、そのまま報道して一緒に間違えそうになった経験が痛いほどあるからです。

私も思い当たることがあります。栃木県警を担当している1999年12月5日のことでした。日産自動車の栃木県内の工場に勤める須藤正和さん（19）が、同僚やその友人らから長期間にわたり殴られる、熱湯をかけられるなどの暴行を執拗に加えられたうえ、栃木県市貝町の山林で絞殺され、遺体を遺棄された事件が発覚しました。

栃木県内の事件にもかかわらず、発表したのは警視庁でした。殺人、死体遺棄罪で3人が訴追されたのですが、このとき、殺害現場には実はもう1人少年がおり、手は下していなかったものの、それまでもたびたび一緒に行動していました。この少年が東京都内の三田警察署に出頭したため、情報を受けた警視庁捜査一課が3人を逮捕し、事件が発覚。そのため、警視庁の発表となったというわけです。

翌6日の産経新聞朝刊はこう報じています。「19歳殺害　コンクリ詰め　暴走族仲間『リンチばれる』　栃木の山林遺体　少年4人を逮捕」（拙著『十九歳の無念　須藤正和さんリンチ殺人事件』角川書店）。警視庁発表は「暴走族同士のトラブルから1人が複数人の仲間からリンチを受け、殺害された」というものだったので、それに即した記事になっています。

暴力団のような反社会的勢力や、不良少年たちの犯罪にメディアはしばしば冷淡です。「そりゃ、不良同士トラブルも起きるだろう」という感じでしょうか。これが「銀行員が暴力団組員を殺害」なんていうニュースなら連日大きく報じるに違いありません。

警察の意図的な情報操作

「ネコがネズミを捕って食うのはあたりまえ。ニュースにはならないが、ネズミがネコを捕って食えばニュースだ」。先輩によくこう言われたものですが、栃木リンチ殺人事件も当初はネコがネズミを捕って食った類いの事件かと思われました。ところが、殺害された19歳の男性は温厚な性格で、誰からも「まじめな好青年」と評される、犯罪に巻き込まれるようなタイプの人物ではなかったのです。

当時この事件を取材した元警視庁警察官の黒木昭雄氏は、著書で、警視庁が男性を暴走族と発表した背景を次のように推測しています。

「警視庁の発表原資が、捜査共助システムを経た栃木県警からもたらされたものであることは疑う余地もない。だが、当時の栃木県警には、被害者が石橋署（現下野署 ※筆者かったはずだ」

注）に捜索願が出されていた日産自動車の一社員、須藤正和君であることしか把握できな

「まして、それ以上の情報があったとしても、正和君が『暴走族の一員』であったという話になるはずもない。この発表は明らかに栃木県警による意図的な情報操作なのだ」（黒木昭雄『栃木リンチ殺人事件　警察はなぜ動かなかったのか』草思社）。

事件が起きると、発生から遅くともだいたい5時間、逮捕された場合も同じくらいの時間で広報されるのが通常です。皮膚感覚でいうと、これは相当に〝すぐ〟です。速さを優先するあまり、警察の思い込みや、確定していない事実をさも事実かのように広報してしまったりする危険性はありえることなのです。

疋田（ひきた）桂一郎という朝日新聞の記者がいます。疋田氏は1948年、時事新報社に入社します。産経新聞の前身です。その後朝日に移り、社会部の企画担当を長く続け、のちに「天声人語」を担当する名文家です。

「警察発表は疑いながら聞くものである」

1975年、東京都世田谷区で大手銀行の支店長が当時2歳の次女を殺害したとして、警視庁成城署に逮捕されました。1審東京地裁で懲役3年、執行猶予5年の有罪判決を受

けたのですが、直後に小田急線に飛び込んで自死を遂げてしまいました。

支店長は生前「マスコミがこれほどひどいものとは思わなかった」と奥さんにこぼしていたそうです。各紙は「極悪非道、冷徹な父が障害のある気の毒な子どもに故意に食事を与えずに餓死させた」という報道をしていました。しかし裁判が進むにつれて、報道の内容がかなり事実と違うのではないかという問題提起が、朝日新聞から起こります。

疋田氏は「問題の本質は、警視庁成城署の広報を記者たちがそのまうのみにしたことに問題があったのではないか」と結論づけるのです。そして、「警察発表は疑いながら聞くもので、疑わない方が記者の怠慢と言える」と記しています（柴田鉄治・外岡秀俊編『新聞記者　疋田桂一郎とその仕事』朝日選書）。

「逮捕したと発表した」は、過去のこうした反省から生まれた表現だといえます。

個人的には、もう一つテクニカルな理由があると思います。逮捕した日付と発表の日付が異なることがある、という事情です。

警視庁担当になってとくにその多さに気づいたのですが、東京や大阪のような大都市ですと、組織犯罪の数が地方の比ではありません。組織犯罪では、たとえ末端や共犯の人間を逮捕しても、警察としては「まだ上がいる。逮捕を広報すると逃げてしまうから、油断させるためにしばらく伏せておこう」と考えるわけです。

〝界隈〟には地下ネットワークのようなものがあるのか、仲間の逮捕は電光石火、関係者に知れ渡るようです。油断させて……という警察の思惑通りことが運ぶのか効果のほどは怪しいものです。ただ実際、首尾良く首謀者の逮捕にこぎつけたあと「○日までに○○、△△、××ら5容疑者を逮捕した」とすべての逮捕を過去形で広報する例は結構ありました。

われわれは「までに原稿」と呼んでいましたが、たとえば逮捕は○○が1月1日、△△が1月2日、××が1月3日なのに、記事が出るのは1月6日ということも起こりえます。「1月1日に逮捕されている○○の記事が、なんで今まで記事になっていないんだ」と不審に思う読者もいるでしょう。これを解決するのが「逮捕し、○○日、発表した」という書き方なわけです。

「経費をすいすい吸い取って〜」

新聞の部数減が止まりません。2022年9月度の日本ABC協会が発表したデータには、業界の中で激震が走りました。朝日新聞の部数がついに400万部を割り込んだからです。最盛期には800万部といわれ、業界の雄と自他ともに認める新聞の部数が半減ということですから、いかに新聞業界が斜陽になってしまったかがわかります。

このときの読売新聞が688万部、毎日新聞が187万部、日本経済新聞が170万部、産経新聞が100万部、東京新聞は38万部でした。かつて1000万部といわれた読売新聞が健闘していますが、それでも3割以上減らしています。

こうした状況は、警視庁や東京地検特捜部など事件官庁を担当する社会部にも影響を及ぼします。その一つが、前章でお話しした夜討ち朝駆けです。

新聞社はタクシー会社と契約を結んでおり、取材時にはハイヤーが記者の自宅まで迎えに来てくれるのですが、これが月間150万～200万円ほどかかります。記者一人の給与の半年分が、下手をすると1カ月で飛んでしまうのですから、経営陣にとっては頭が痛いはずです。

1964～1969年にNHKで放送された井上ひさし・山元護久原作の人形劇『ひょっこりひょうたん島』の主題曲の替え歌で、こんな戯れ歌が事件記者の間ではやったそうです。

「経費をすいすいすいすい吸い取って～、酒をガブガブガブガブ飲み干して～、どこにも行かない、クラブで寝てる～」

事件持ち場でありながら、〝書かざる記者〟になってしまった身を自嘲した新聞記者たちの心情なのでしょう。

それが最近、後輩記者に聞いたところ、今は1週間に1回程度しか車を呼べないんだそうです。当然、電車で向かうことになると思いますが、私が担当していたころは、バブル絶頂期に家を購入した方が多く、埼玉、千葉、茨城などの都心部から70km以上離れたところに住んでいる刑事さんがめずらしくありませんでした。しかも捜査一課の刑事さんともなると、事件が起きれば警察署に泊まり込むので、そうそう自宅には帰って来ません。

昔ならそれでも「ずっと待っていたんですが、会えませんでした」で済まされたでしょうが、今はどうでしょうか……。費用対効果でいえば最悪ともいえる夜討ち朝駆け。経費節減が至上命題の会社からの風当たりは、強くなる一方のようです。

三面記事が花形だった時代

殺人事件、強盗事件……昭和40～50年代は、新聞の社会面に物騒な事件が掲載されていない日はありませんでした。

警察庁の統計によると、殺人事件が一番多かったのは1954年で、全国で3081件も発生しています。2022年は853件と、何と3分の1程度まで減少しています。

1954年というと、日本はまだ敗戦の痛手から立ち直っていない時期です。このころの新聞は3～4ページという体裁が普通でした。1954年10月、山口県で発生した一家6人が殺害された仁保事件の新聞記事を図書館に閲覧しに行ったことがありましたが、山口県の地元紙はわずか4ページでした。そして「三面記事」の名の通り、3ページ目に仁保事件が大々的に報じられていました。

新聞が現在のようにページ数を増大させたのは1955年を過ぎてからです。読売新聞社採用サイトによると、同社は1956年に輪転機を増設し12ページ体制になり、1963年には工場を増設し16ページとなります。高度経済成長と平仄を合わせるようにページが増えていくのがわかります。

1963年には世情を騒がせた吉展ちゃん事件や狭山事件のような大事件も発生し、このころから新聞社の取材態勢がさらに拡大していったと思われます。

三面記事が全盛だったころは、どのメディアも社会部は活気にあふれていました。一方で、記事のセンセーショナル化が進み、あまりに人権を無視した報道が横行し、無罪を勝ち取った被告から民事訴訟を起こされ、それに敗訴するケースが相次ぎます。

その後、取材態勢が縮小されていったのは経費節減もそうですが、こうした背景もあったのでしょう。

今では信じられませんが、当時は連行中に向けられたカメラをにらむ容疑者の写真に「ふてぶてしい表情を浮かべるA」というキャプションがよくついていたものです。「留置場で出された食事もペロリと平らげた」「被害者への反省の弁もなく、捜査員もお手上げ」

といった表現も日常茶飯事でした。

そこに二つの大事件が降って湧きます。一つは首都圏連続女性殺人事件、もう一つはロス疑惑事件です。

メディア総ざんげに追い込まれ……

首都圏連続女性殺人事件は、1968〜1974年にかけて東京都足立区や千葉県松戸市周辺で若い女性がつぎつぎと殺害、遺棄された事件です。

警視庁と千葉県警が容疑者をなかなか逮捕することができない中、1974年7月3日には千葉県松戸市の馬橋駅近くの住宅造成地で、信用金庫に勤める女性会社員Mさん(19)が変わり果てた姿で見つかりました。それまでの殺人事件でもO型の体液が現場に残されており、同一犯の可能性が指摘されていたため、マスコミは一斉にこの殺人事件を大々的に報じます。

そして2カ月後、小野悦男という当時38歳の土木作業員が逮捕されました。マスコミ各社は一斉に彼が一連の事件に関与している可能性が高いかのように報じたのですが、起訴に至ったのはMさんの事件1件のみでした。弁護団は裁判で「警察の捏造」と主張します。

そんな中、共同通信の記者だった浅野健一氏が1984年に書いた『犯罪報道の犯罪』

（学陽書房）がベストセラーとなります。匿名報道を訴えた本です。実名報道がなされると、犯罪の嫌疑をかけられた本人が自殺したり、失業したり、社会的に取り返しのつかない損害を被るのではないかと主張し、匿名報道を訴えた内容で、高校生だった私も一時期この本にかぶれたものです。

浅野さんのほか多数の文化人が小野容疑者の支援に立ち上がり、「小野悦男さん救援会」という支援団体ができました。『でっちあげ』（社会評論社）という本も出版されました。

1審千葉地裁は無期懲役の有罪判決でしたが、2審の東京高裁の竪山真一裁判長は無罪を言い渡します。小野被告は強姦罪や窃盗などの別件で服役したものの、未決勾留期間がこの刑期を超えていたため釈放、自由の身となりました。

ご丁寧に「関与した疑いが強い一連の事件」などと題した図表まで連日掲載していたメディアは、総ざんげの状態になりました。

「ロス疑惑」の疑惑

もう一つの大事件がロス疑惑事件です。1981年11月18日午前11時ごろ（現地時間）、米ロサンゼルス市の駐車場で三浦和義氏と妻、一美さん（28）が銃撃され、一美さんが意識不明の重体に陥り、三浦氏も脚を撃たれ重傷を負いました。

三浦氏は「犯人は2人組のラテン系の男。グリーンの車に乗って逃げた」と証言し、地元のロス市警も氏の証言に沿った似顔絵を作成し、犯人の行方を追いました。長髪を束ねたサングラスをした男の横顔の似顔絵は今でもよく覚えています。

一美さんは事件後昏睡状態に陥り、三浦氏は「悲劇の夫」として一躍時の人となります。私の実家では朝日新聞と日本経済新聞を取っていましたが、経済紙である日経ですら、ロス疑惑を報じない日はないといっても過言ではないほどでした。

病室で一美さんの親族に「僕がしっかりしていないからこんなことに」と泣いて詫びる姿に、当時中学生だった私は不覚にも涙ぐんでしまいました。フジテレビの故・逸見政孝アナウンサーが三浦氏に同行しながら、嗚咽していたのもよく覚えています。

ところが、『週刊文春』が1984年1月19日発売号で「疑惑の銃弾」と題して、三浦氏の周囲で妻が亡くなったり失踪したりしていること、一美さんにも保険金がかけられていたことなどを報じ、一気に風向きが変わったのです。三浦氏は計1億5500万円あまりを受け取っていました。

捜査の過程で、一美さんが銃撃事件の3カ月前にも、ロス市内のホテルニューオータニの客室で、入ってきた東洋系の女に頭を殴られけがをしていたことがわかります（小野義雄『落としの金七事件簿』産経新聞出版）。

警視庁は1983年10月、ロス市警がICPO（国際刑事警察機構）を通じニューオータニの殴打事件の捜査共助を要請してきたことを機に、秘密裡に事件の内偵を始めていました。ところが、文春のスクープ記事が出て、その1週間後に捜査本部を立ち上げるという、完全な「マスコミ先導事件」になってしまいました。

しかも1984年5月16日には産経が共犯者のYという女性の供述をスクープし、「ロスのニューオータニで三浦一美さんを殺害しようと殴打した」「三浦氏から殺害を頼まれた」との証言を報じました。

マスコミはほぼ敗訴

そうした中、三浦氏が白昼堂々、逮捕されます。東京・銀座でフェアレディZを運転中、警察に止められると、大勢のマスコミが見守る中、ボンネットに警視庁捜査一課の刑事が飛び乗りそのまま逮捕されるという大騒動となりました。

三浦氏は連行方法が違法であると主張し、東京都を相手取って提訴しました。これは東京地裁が棄却したものの、三浦氏はこのころから本人訴訟だけで470件という多数の民事訴訟を起こしていきます。

結果は約80%で勝訴、15%は消滅時効による棄却、残りの5%だけが請求棄却、つまりマスコミなどに対する完全勝訴でした（井上薫『司法のしゃべりすぎ』新潮社）。

メディアが勝った数少ない事例の一つが、読売新聞の記事です。三浦氏がアガサ・クリスティの推理小説『ナイル殺人事件』にヒントを得て保険金殺人を企図したのではないかという内容でした。これは実際に、国立国会図書館で三浦氏がこの小説を借りているのを読売の記者が確認していたため、請求は棄却されました。

変わった戦術を取って、1審の東京地裁だけですが、勝訴した新聞社もあります。芸能リポーターの梨元勝氏が『東京スポーツ』で書いたリポート記事です。

東京地裁判決では次のように判示しています。「被告梨元のリポート記事の類いは、社会的事象を専ら読者の世俗的関心を引くように面白おかしく書き立てるものであり、東京スポーツの事件記事欄もそのような記事を掲載するものであるとの世人の評価が定着している（中略）記事内容が真実であるかどうかを検討するまでもなく、原告（三浦氏）の社会的地位、名誉を毀損し、あるいは低下させるものと認めることはできない」

つまり〝ヨタ記事〟であって、適当に書いているだけだから名誉毀損には当たらない、というわけです。ただ、東京高裁で逆転し、最終的には東スポ側が敗訴しました。

肝心の刑事裁判のほうですが、1審の東京地裁で三浦氏は無期懲役判決を受けたものの、2審の東京高裁で逆転無罪判決を受けます。検察側は上告したものの棄却され、三浦氏の無罪が確定しました。

ただ、ニューオータニ事件では懲役6年の有罪判決が確定し、三浦氏はこの件で服役します。その後、米国で別の殺人事件の容疑で逮捕され、勾留中に自殺しました。

容疑者の名も呼び捨てだった

メディアを激震させた二大事件のあと、報道は明らかに変化しました。容疑者名を呼び捨てにしなくなったのもこのころからでしょう。

産経は他社に先駆けて呼び捨てを改め、名前＋職業、たとえば「三枝玄太郎・運転手」のような表記を試みたこともあったのですが、これが「三枝玄太郎・無職」だと、それまでと変わらない印象ですし、どこか間の抜けた感じがしてしまいます。

1989年ごろからは各社とも「容疑者」「被告」呼称を使い始めました。私が産経に入社したのは1991年で、すでに容疑者呼称でしたし、手錠が写った写真を掲載するのもご法度になっていました。

掲載しようとした写真に「おい、ダメだ、手錠がバッチリ写ってるじゃないか」とデスクからNGが出たこともありました。しだいに報道側から警察に対して「連行する際、手錠をした手を隠してくれないか」と要請するようになります。

警察も慣れたもので、タオルをさっとかけるなどして対応してくれました。おそらくロス疑惑のあと、警察庁が各都道府県警に「人権上、問題にされるおそれがあるので、配慮されたし」との行政通達を出したのではないかと推測します。

そうこうしているうちに、犯罪件数自体が減少していきます。

私が産経時代にいた静岡支局、宇都宮支局は今ではどちらも1支局長1人態勢になりました。デスクをしていた東北総局も1人支局になり、東北支局と名前が変わりました。県版の発行もこれらの支局では行っていません。

毎日は2023年3月末で愛知、岐阜、三重の3県の夕刊を廃止しました。朝日も2023年5月1日から同じく愛知、岐阜、三重3県の夕刊を廃止しました。いずれの社も「休刊」と発表していますが、おそらく復刊はしないでしょう。

地方紙は堅調かというと、そうでもないようで、静岡新聞は2023年4月から夕刊をやめました。この傾向はおそらくは今後も続くはずです。

新聞の発行部数が少なくなるにつれて、新人記者を地方に出してゆっくり育成するスタイルの教育は難しくなっていく気がします。栃木でも静岡でも県警記者クラブにはかつて各社3~5人ほどの記者を常駐させていました。地方紙は7~10人ほどいたと思います。ただ、すでに産経新聞はほとんどの総支局の人員を大幅に減らし、県警記者クラブに記者を常駐させてもいないはずです。

記者クラブというのは、明治時代からあったようです。警視庁の場合、本庁に「警視庁七社会」という最も歴史が古く、権威があるとされる記者クラブがあり、朝日、毎日、読売、日経、東京新聞のほかに共同通信が加盟しています。産経新聞の前身、時事新報を含めて七社会だったのですが、産経新聞になってからの加盟は叶いませんでした。

ほかに産経新聞やＮＨＫ、時事通信、ラジオ局などが所属する「警視庁記者クラブ」、民放各社が所属する「警視庁ニュース記者会」があります。

警視庁は東京都内をいくつかの区域に分け、1方面から10方面（２００2年3月までは9方面）の方面本部を置いているのですが、そこにも記者クラブがありました。1方面だと丸の内警察署、2方面は大崎、3方面は渋谷、4方面では新宿、5方面だと池袋、6方面だと上野署に記者クラブがありました。

地方勤務だった20代前半のころは、「方面回り」といって、警察署を拠点に取材する社会部記者になるのが夢だったのですが、残念なことに社会部に配属となった１９９4年に産経新聞は方面回りを廃止しました。

警察の不祥事は警察回りから世に出る

記者クラブというと「警察との癒着の温床だ」といった批判が多くあります。ただ、若手記者にとっては、他社の重鎮記者の謦咳に接することができたり、貴重な体験話を聞けたりする場です。

静岡県警担当のときに私が師と仰いでいたのは、中日新聞の堀内孝義さんという記者です。15歳ほど年上のベテランでした。静岡県外への異動がない地方採用の記者でしたが、すごい人でした。

たとえば県紙・静岡新聞が何か事件モノでスクープをすると、翌日、中日新聞の1面トップに「静岡中央署で手錠を販売　外部にも買える不適切な状態」といった記事を放つ。また静岡新聞が何か事件モノの独自ダネを書くと、今度は「静岡県警　パトカーを盗まれていたのを隠蔽」といった記事を出す。しまいには警察官の賞罰を担当する部署のトップである監察官室長が飛んできて、「ホリさん、もう勘弁してください」と泣きを入れる始末です。堀内記者は「室長、まだ5つくらいあるぞ」と笑っていました。

中日新聞は当時、浜松市に東海本社があり、静岡県西部の一部地域では静岡新聞を凌駕する部数を誇っていました。バチバチにやり合う地元紙2紙を、新米のチンピラ記者だった私は身を縮めて眺めていたのです。

堀内さんは私に「若い記者だって、警察の不祥事を手元に二つ三つ持っていれば、舐めてかかられたりしないぞ」とよく言ったものでした。

私も警察を長く回って気づきましたが、世に出る警察不祥事の7～8割方は警察内部から記者クラブ所属の記者に流出し、世に報じられます。

警察官というのは正義感が強いですから、自分の職場でよくないことが起きているのがたまらず、記者と雑談していてつい部内の不祥事を口にしてしまうのかもしれません。

たとえばこんな感じです。

1年生記者時代、いつもの日課で交通課に行ったときのことです。課長と世間話をして辞去すると、廊下に交通課のAさんが座っていました。こちらを見ています。

「何かあったんですか」と近づくと、「焼津署にさあ、国際運転免許証を預かりっ放しのバカな課員がいるんだよ」と話し始めます。

酒気帯び運転で焼津のチンピラを捕まえた際、「免許証はどこだ」と聞いたら「焼津署が持ってる」と答えたのだそうです。調べたら、以前やはり酒気帯び運転で摘発されたときに焼津署が没収した国際運転免許証がそのままになっていたそうなのです。国際運転免許証の真贋をのんびり確認している間に、チンピラのほうは酒気帯び、無免許、やりたい放題です。

だから夜回りは警戒される

これは大変な不祥事を聞いたと思いました。それから3〜4カ月して、どうも事実らしいという裏が取れ始めたころ、県警の広報課長から電話がかかってきました。

「ちょっと、焼津の国際運転免許証のことでご説明したい。静岡中央署の署長室にご足労願えないでしょうか」

署長室に急行しましたが、情けないことに体が震えてしまい、どうしようもありません。

「悪いようにはしないから。実は容疑者（チンピラ）は来週逮捕する。産経さんだけに逮捕する際の写真を撮らせることで、上の了解も取ってある。ね、頼むよ」と広報課長は私の太ももをピシャリと叩きました。

「バカにするな」と思ったので、ガタガタ震えながら「この件は上司と相談してからお答えします」とやっとの思いで答えました。

自宅に着くや否や、電話が鳴り（携帯電話はまだほとんど普及していませんでした）、受話器を取ると、切羽詰まった様子のAさんの声です。

「しゃべったの、俺だって話したのか」「そんなこと言うわけないじゃないですか」「俺だってバレてるんだよ。どうするんだよ、俺は一家離散だ！」

Aさんは有能な人ではあるのですが、だれかれ構わず大事な話をするとあとで知りました。喫茶店で1年生記者同士集まってサボっていたとき、「知ってるか、静岡中央署の交通課がおもしろい捜査やっているんだぜ」と、あるテレビ局の記者が自慢げに〝マウント〟を取ろうとしたところ、「知ってる」「俺も」「俺も」「私も」状態になってしまい、しかも聞けば、ネタ元がすべてAさんだったということもありました。

先ほどお話しした「正義感から不祥事を口に……」というのとはやや異なりますが、とにかくこのようにして不祥事が世に出るのです。

ですから、警察幹部は、記者が刑事の自宅を夜回りしたり、接触したりしようとするのを嫌います。

私が栃木県警記者クラブに着任した初日のことです。宇都宮市の市議会議長があっせん収賄容疑で逮捕され、さっそくてんてこ舞いになりました。

地図と首っ引きになって、その日の夜、捜査二課のI警部補の自宅を夜回りし、次の夜はF巡査部長の家に行きました。どちらも「困るよ～」とは言うものの、そこは地方警察ののどかさで「これは数カ月もすればなんとか話してくれるようになるかも」という感触でした。

ところが翌日、前の日に名刺交換したばかりの捜査二課次長（警部）が記者クラブを単身訪れ、「三枝さん、お話が……」と手招きするではないですか。

まさか早くもネタをくれるのかと喜色満面、廊下に出ると、次長は顔色を変えて「あんた、昨日はFの家に行ったね？　おとといはIの家に行ったね？」と聞きます。

「はい、行きましたが」と答えると「出入り禁止」と告げました。一瞬、呆気にとられたあと、口論となり、最後には「若い巡査のチャリドロ（自転車泥棒）でも書きますから。見逃しませんから」と言い渡しました。もう宣戦布告したも同然です。

栃木県警ではこの出来事があってから、ほとんどの幹部と〝冷戦状態〟でした。とにかく、それほど夜回りは警戒されるという話です。

新聞社がジリ貧になると警察不祥事が隠蔽される？

警察の不祥事対応を一変させたといわれる事件があります。1999年に神奈川県で発覚した警部補覚せい剤使用隠蔽事件です。

1996年、神奈川県警警備部外事課の警部補が覚せい剤を使用、しまいには幻覚を見るようになり、そのことが上層部に発覚します。ところが直属の上司は監察官室長らに報告したものの、当時の渡辺泉郎本部長は隠蔽を指示、警部補は諭旨免職処分となります。

ところが1999年、時事通信が打った1本の配信記事によって、局面が大転換します。厚木警察署の警ら隊で起きた集団暴行事件を隠蔽していたこと、さらには、相模原南警察署の巡査長が女子大生を脅した事件も隠蔽していたことをスクープし、神奈川県警は大混乱に陥るのです。

警部補は逮捕され、渡辺本部長以下5人が有罪判決を受けました。以前から神奈川県警は不祥事が多いことで知られていましたが、県警は「不祥事隠蔽マニュアル」のようなものまで作成して〝不祥事を知ったらまず隠す〟のが伝統のようになっていました。

いずれにせよ県警本部長が起訴され、有罪判決を受けるのは警察の歴史上初めてであり、しかもそれが不祥事の隠蔽というのも前代未聞でした。爾来、警察は以前よりは不祥事を広報するようになりました。SNS社会になって、お目こぼしをしたり、隠蔽したりするのが難しくなってきたという背景もあるでしょう。

神奈川県警の不祥事をスクープした時事通信は、神奈川の地元紙ではありません。地元紙はなくなりでもしないかぎり地元の支局が閉鎖されることはないですが、全国規模のメディアの支局がつぎつぎ1人支局になっている今、支局自体を廃止することだってありえます。そうやって記者クラブから常駐記者がどんどん減っていけば、警察の不祥事が発覚する可能性はそれだけ減ることになるでしょう。

メディアの衰退とともに警察の広報対応が〝1999年以前〟に戻ってしまわないことを願うばかりです。

夜討ち朝駆けの〝愉しみ〟

ところで、私が夜討ち朝駆けをしていて最も印象的だった刑事は、栃木県警鑑識課のB警部補でした。「長さん」と一方的に呼んでいました。長さんから聞いた印象的な話を二つご紹介しましょう。

一つは栃木県小山市で発生した宝石店の窃盗事件です。深夜、ショーウインドーをハンマーのようなもので叩き割って、中の宝石を奪うという荒っぽい手口でした。当時、県警機動捜査隊員だった長さんは、現場に臨場し、革靴の痕跡を発見しました。床は叩き割られたガラスが散乱し、その上に靴跡はありました。

「おい、ホテルを回ろう」。長さんは相方の刑事に提案しました。現場は新幹線の小山駅に近い。車を使っていないんじゃないか。始発まで近くのホテルに宿泊している可能性が高いと踏んだのです。

「安ホテル1軒1軒を訪ねてさ、『すみません。お客さんの靴を見せてくれませんかね』と頼んで見て回ったんだ。ほら、玄関に下足場があるようなホテルや旅館あるじゃない。

靴をひっくり返して靴底を照明に当てて……100足は見たかなってころだよ。ある靴をひっくり返したらピカッと光ったのさ。ある革靴が」

現場の状況から長さんは「靴底の隙間にガラス片が入り込んでいるに違いない」とにらんでいました。「ねえ、この靴の持ち主、部屋にいる?」と聞くと、安ホテルの従業員は「うちのツッカケ借りて、向かいのラーメン屋にいますよ。飯食ってるんじゃないですか」。

相棒の刑事とそのラーメン屋に向かい、出入口をガラッと開けると、そこに目当ての男がいました。

「『なぜ、こんなに早く俺が犯人だってわかったんだ』ってずっと首をひねってたなあ」

と長さんは笑っていました。

もう一つの事件は空き巣です。当時長さんは鑑識課でしたが、ひとしきり部屋を見ると「これは相当なプロだな」と直感したといいます。部屋の指紋や足あとの採取は部下に任せ、外に出てあたりを見回すと、50mと離れていない場所にジュースの自動販売機がありました。そばには空き地があり、そこにコーヒーの缶が転がっていたそうです。

「『これだ!』と思ってさ。泥棒のプロは、指紋を残さないよう必ず手袋をしている。でも、外では怪しまれないように脱ぐものなんだよ。それに犯人も現場というのは緊張する。喉も乾くだろ? だから自販機でコーヒーを買い、一息ついたんだろうと思ったんだ」

はたして、缶から採取した指紋は、前科がある大泥棒のものでした。余罪は300件近くに上り、栃木県だけではなく、東京や埼玉、茨城、福島まで荒らしまわっていた常習犯だったのです。

こんな話ばかりなので、記事のネタより長さんの昔話を聞きに夜回りしていたようなものでした。ある夜、宇都宮市内の中学校の窓ガラスが100枚以上割られ、そのあとに交番に消火器が噴射される事件が起きました。

中学校に到着した鑑識係長だった長さんは、人影を見つけました。あどけない顔をした少年が3〜4人、長さんたちの方をうかがっていたのです。

「こいつらだな、と思ったさ。でも証拠はない。そこで『かっこいいスタジャン着てるな。おじさんに見せてくれよ』と言って近づいたんだ……」

ひとしきり彼らのかっこうをほめたあと、「スタジャンを撮らせてよ。息子に見せるから」と、鑑識係員必携のカメラを取り出し、正面と背中を撮影したといいます。

数日後、この中学校のOBだった少年たちが逮捕されました。長さんの勘通り、スタジャンの少年たちでした。長さんが写真を撮っていたので、すぐに身元がわかりました。

「その少年たち、よく逃げなかったですね」と私が聞くと「こっちはプロだよ。逃げるような接し方しねえもん」と笑っていました。

ある殺人事件で被害者の遺体が見つかったとき、呼んできた業者が手荒く穴を掘るので、「遺体が壊れちゃうんじゃないかとハラハラしちゃってさ」。そのあと、せっかくの夏休みをすべて費やして、ユンボを扱うことができる大型免許と、建設機械を運転できる資格を取ったそうです。そういう優しいところもある刑事さんでした。

第9章 それでも事件記者は走る

記者になって最も辛い仕事

この本にも何度か出てくる私の初任地、静岡県。人口は360万人ほどで、全国でも10番目に人口の多い県でした。高級銘茶やブランドメロンが有名で、漁業もカツオやマグロなどの水揚げが多く、スズキ、河合楽器製作所、ヤマハ、タミヤ（田宮模型）など工業も非常に盛んです。静岡県の人たちはよく「独立国になってもやっていける」と冗談を言うくらい、なんでもそろっている県でした。

そんな豊かな県だからか、県民の規範意識も高く、静岡中央警察署の前で女性の交通指導員がマイクで、自転車に乗っていた女子高校生に「そこの高校生の方、横断歩道は自転車を降りて渡ってください」と呼びかけるのを聞いたときは驚きました。

東京ではまず考えられませんし、大阪あたりでそんなアナウンスをしたら、「何言うとるんや」とケンカが始まるかもしれません。人口当たりの犯罪発生率も大概、全国平均を下回っていました。平和な県でした。

記者1年目は何事もなく日々が過ぎ去るのが何となくもったいない気がして、「何か、大きな事件でもないですかね。5日くらい、強盗が立てこもるとか」などと不謹慎なことをデスクに冗談めかして言ったりしていました。

当時、デスクだったのは例の大久保清の幻を撮った、「事件の小野」こと小野義雄さんです。名刑事といわれた警視庁の平塚八兵衛氏にちなんで「平塚六兵衛」の異名もありました。学生時代はメディアでなく地元の宮城県警志望だったそうで、身長が規定に2㎝足りず不合格となったため、8引く2で六兵衛というわけです。

静岡市で起きた殺人事件の現場を見て「ああ、これは識（面識者、近親者の意味）が犯人だな。強盗の仕業ではないよ」と看破し、その通り、被害者の婚約者の元彼が逮捕されたこともありました。「事件記者というのはこういう人をいうんだ」と思わせる人でした。

小野デスクは私の冗談に「そんなことを言っていると、罰が当たるぞ」とムスッとした顔をしてたしなめていましたが、時を置かず、それを痛感する日がやってきました。

ある夏の日、安倍川で小学校低学年の男の子が溺れて亡くなりました。現場に行って写真を撮って、近隣の人から事故当時の目撃者を探して話を聞いて、男の子の家に向かいました。私にとっては初めての「遺族取材」でした。

「顔写真を取ってこい」と上司には言われていました。ところが男の子の家の前まで来たとき、家の中から男の子の名前を呼ぶお母さんの、文字通り絶叫が聞こえてきたのです。

私の脚は一歩も動けなくなってしまいました。30分ほど「行かなきゃ」「いや、無理だ」を心の中で繰り返して、結局、あきらめて帰りました。

よく覚えていないのですが、後日、男の子の写真は手に入れました。多分、同級生の子をしらみつぶしに当たったとか、そんな経緯ではないかと思います。ご遺族に了解を取っていないのは間違いありません。

今でもお母さんの絶叫は耳に残っています。そのとき初めて、この仕事に就いたことを心の底から後悔しました。小野さんの言った通り、罰が当たったのです。

遺族取材が好きな記者などいない

横山秀夫さんの小説『クライマーズ・ハイ』にも新聞記者の遺族取材が描かれています。群馬県の地方紙の県警キャップをしていた主人公の悠木和雅は、県内の大胡町で起きた交通事故で死亡した38歳の測量技師の男性の取材を、着任6日目の望月亮太という1年生記者に命じます。

望月の主任務は「面取り」でした。勇躍、出て行った望月は1時間ほどして帰ってきました。通夜の準備をしていた町内会の役員に「写真をよこせとは何事だ」と追い返されたというのです。悠木は再び「行け」と命じますが、望月記者は「なぜ死んだ人の顔写真を新聞に載せる必要があるのか」と反駁します。悠木は怒鳴りつけます。

その後、望月は自分が所有するオートバイでバイパスの赤信号の交差点に突っ込み、トラックと衝突して即死してしまうのです。

小説ではそれ以上の話はありませんが、NHKでドラマ化されたときは、佐藤浩市さん演じる悠木が、松重豊さん演じる同僚から「面取りには、俺たちも若いころはさんざん泣かされた。誰もが通る道だ。お前が気にすることじゃない」と励まされます。

横山秀夫さんも上毛新聞で記者をしていて、当時、前橋支局で机を並べて覇を競った産経の先輩の話では、大変な敏腕記者だったそうですから、横山さんもおそらく面取りに泣かされた経験が『クライマーズ・ハイ』に「反映」されているものと推察します。

朝日新聞の記者だった烏賀陽弘道氏も、『「朝日」ともあろうものが。』(徳間書店)という自著で苦い経験を書いています。三重県の津支局で警察担当をしていたときに、やはり事故に遭った人の遺族に顔写真を求め、激高した親族らから地面にたたきつけられたそうです。

そんなわけで私も、安倍川の悲しい水難事故の1件以来、小さな子どもが事故に遭ったりすると血の気が引くといいますか、「俺を行かせないでくれ」と祈るような思いになりました。ただ、たいていは新人や若手記者にお鉢が回ってきます。その後もかなりの頻度で顔写真を取りに行くことになりました。

鳥賀陽氏は、記者が顔写真を入手することに批判的でした。今でもネットでは批判的な声が多く見受けられます。ただ、私は「被害者の顔写真はいらない」という声にはちょっと待ってくれ、と思うのです。

栃木19歳少年リンチ殺人事件で、被害者の須藤正和君は「暴走族の仲間割れで殺された」と警察から広報されていたお話はしましたね。当時、栃木県警のキャップをしていた私は、県警担当の若手記者と一緒に、須藤君の写真をもらいに行きました。

宇都宮市から50㎞ほど離れた黒羽町（現大田原市）の自宅で、両親は取材の意図を了解してくださり、正和君の写真を何枚か提供してくれました。

その写真を手に取ったとき、「これで誤解は晴れる」と確信しました。

そこにはハンサムな19歳の純朴な笑顔がありました。不良の道に入りそうな陰影はどこにもなかったのです。

決して仲間割れなんかじゃない。私はその後、須藤君の両親が黒羽署、宇都宮中央署、県警本部など9回も相談に行きながら、警察がとうとう一度も救出に動かなかったことなどを報じました。

被害者の顔写真を入手する意味

2001年3月12日、栃木県河内町（現宇都宮市）で悲惨な事故が発生しました。夕刻、下校途中に横断歩道を渡っていた中学3年生の豊島尚里さんに乗用車が突っ込み、亡くなってしまったのです。

広報文には「容疑車両は時速120㎞の高速度で走行し」というようなことが書いてありました。わざわざ時速を記しているのは、広報担当者である副署長のメッセージです。「時速120㎞で子どもをはねたんだぞ。これは問題だぞ。ちゃんと取材してくれよ」と暗に訴えているのです。

単身赴任中で当時1歳の長男を東京に置いていましたので、これは自分が写真をもらいに行くべきだ、と思いました。愛する子を亡くした親の悲しみの万分の一でも今なら実感できるような気がしたからです。

チャイムを押したときの、押しつぶされるような緊張感。ドアを開けたときのお母さんの憔悴しきった顔は今でも目に焼き付いています。しかし、このときはたじろぎませんでした。絶対に女の子の写真を持ち帰る、と心に決めていたからです。

　このときのことを女の子の母親、豊島久美子さんは自著のあとがきでこう回想しています。

「新聞記事に出ることは、望まなかったけれど、亡くなってしまって喋れない尚里の真実を伝えるべき、悪質な加害者を許さず、私たちのような家族がまた増えることを少しでも阻止するためにみんなに見てもらうべき、と言った産経新聞の三枝さん」

　よくは覚えていないのですが、ご両親に「40㎞制限の道を時速120㎞で暴走して、前途ある女の子をはねたとしても、今までの判例からすれば下手をすると執行猶予判決になりかねない。こんな事故は絶対に許してはいけない。娘さんの大事な思い出を教えてください。どんな女の子だったのか。そして、顔写真もできればご提供ください」という趣旨のことを言ったと思います。

　3回ほど、被害者の豊島尚里さんのことを栃木県版で大きく記事にしました。尚里さんがテニス部でがんばっていたこと、事故当時、横断歩道からは容疑者の車はほとんど見えず、それが時速120㎞であっという間に迫ってきて、友人の目の前ではねられたこと、加害者がゼロヨンというアクセルをめいっぱい踏んで後続車両を引き離す運転を常日ごろからしていたこと。ご両親との思い出も書きました。

豊島さんのご両親らの活動もあり、2001年11月には危険運転致死傷罪が新設され、その後、まだまだ法運用などで課題は残るものの、何度か改正を経て今日に至っています（豊島久美子『こころのなかに尚ちゃんがいる』本の森）。

この一件があって、子どもや若者が亡くなった事故では、可能なかぎり写真をお願いするようになりました。自宅近くのプールに入り込んで亡くなってしまった3歳の男の子。那須のスキー場の託児施設で突然、亡くなってしまった2歳の男の子。いじめを苦に自殺した男子中学生、露天風呂から川に落ちた不倫とおぼしきカップルを助けようとして、自らが溺れて亡くなった20代の鬼怒川温泉のホテルマンの男性……。なぜ、写真を入手しようとしているのか。こちらの趣旨はかなりの場合では伝わったような気がします。もちろん断られることも中にはありましたし、そういうときは速やかに辞去するようにしていました。

そこに大義はあるか？

1994年4月、愛知県豊山町の名古屋空港で中華航空140便が着陸に失敗し、乗員乗客264人が死亡する事故が発生しました。このとき私は入社3年目で、当然現場に行くものだと思っていたら、デスクからの命令は「静岡に残って遺族の家に行け」でした。静岡県内でも10人以上の方が遭難していました。

気をとりなおして、遺族の家に行きました。すでに報道陣でごった返していました。遭難された1人（地元の開業医さんでした）のお母さんはおそらく70歳を超えていたと思いますが、玄関先で正座をして亡くなった息子の思い出を話し、家を出たときの様子を語ってくれました。淡々とした、矜持を崩さないお母さんの姿は胸を打ちました。

そのとき、不意に私の隣にいた男性が「お母さん、写真を」と話を遮ったのです。お母さんはその後も別の記者の質問に答えていましたが、隣の男性に再び催促されると、「はい」と言って奥に引っ込み、アルバムを持ってきました。そのアルバムに記者が殺到したことは言うまでもありません。

男性はよく知った顔でした。記者ではありませんでした。某テレビ局のアナウンサーだったのです。おそらく人手が足りなくて駆り出されたのでしょう。上司に「顔写真だけは意地でも取ってこい」くらいの厳命をされたのかもしれません。

それにしても、悲しみをこらえて話している母親の話に被せるように「写真はありますか」と催促するのはないだろう。男性に対する怒りがむくむくと湧きました。

記者だって、大義がなければ、遺族取材などやりたいわけがありません。自分の子どもが事件、事故に巻き込まれたらどうするでしょうか。そっとしておいてほしい、でも忘れてほしくないという相反する気持ちになるのでしょうか。これればかりは実際になってみないとわかりません。しかし、メディアが大勢でやってきて、「写真を」「写真を」と矢継ぎ早に言われたら、いい気持ちがするわけはありません。

とくにテレビ局などは1日にいくつかあるニュース番組ごとに取材クルーがいます。NHKと在京民放局を合わせれば40~50人が大挙することもあるわけです。

取材クルーは基本、団体行動です。待っている間に、仲間同士が大声でしゃべっていたりする光景もよく見かけます。それが明らかに家の中にいるであろう遺族にも聞こえるくらいの大きな声だったりするのです。なんとかならないものでしょうか。

記者を逮捕した北海道警は横暴なのか？

メディアの大義について考えさせられる事件は、数年前にも起きました。2021年6月22日、北海道旭川市の旭川医科大学で、構内に侵入して取材をしていた22歳の女性記者が職員に発見され、建造物侵入容疑で現行犯逮捕されたのです。第1章でお話しした、一般人による現行犯逮捕です。

女性記者は駆けつけた警察官に身柄を引き渡され、24日午後まで留置されたあと釈放されました。北海道警は2022年3月16日、女性記者と取材班キャップを書類送検し、旭川区検は3月31日、記者2人を不起訴処分とし、事件は終結しました。

6月22日は、旭川医大でパワーハラスメントや職務中の飲酒行為などが問題視された吉田晃敏学長の処遇をめぐって、学長選考会議が行われていました。学長の不適切な支出などの問題行為が34件も報告され、同会議は文科相に学長の解任を申し出ることを決定していたのです。吉田学長は辞任をすでに申し出ていたものの、この日の学長選考会議で何が話し合われたか、知りたいと思うのは記者なら当然です。

旭川医大側は午後3時50分ごろ、報道各社にファクスで「会議終了後の午後6時に取材に応じる」と知らせる一方、コロナ感染防止を理由に構内への立ち入りを禁じます。

北海道新聞は、道警キャップら3人にはこの事実をメールで知らせたものの、新人記者には連絡しませんでした。午後4時ごろ、キャップは女性記者に廊下で待機し、会議を終えて出てくる関係者を捕まえて、話を聞くよう指示します。記者は会議中の様子を外からスマートフォンで録音。会議室から出てきた職員に見つかったという顛末のようです（北海道新聞公表の社内調査報告より）。

新聞労連などの左派系団体を中心に、逮捕を非難する声が巻き起こりました。ただ、私は女性記者をかばうような論調に違和感を持ち、ツイッター（現X）でそうつぶやいたところ、フォロワーがその日だけで100人近く増えたのです。

世間一般の反応と、逮捕を非難するメディアの一部関係者の声との間には、あまりにも乖離があると思わされました。

この一件で、すぐに思い浮かんだ事件があります。1981年2月、ホテルニューオータニの会議室で起きた日本土木工業協会（土工協）の会議盗聴未遂事件です。

1970年代、土工協は会合があるたびに談合をしているのではないかとささやかれていました。なんとか証拠をつかんで紙面化したいと、朝日新聞経済部の編集委員が録音機を仕掛けたというものです。その後、編集委員は警察署に出頭し、朝日を退社処分となりました。

編集委員の取材の動機は、大いに理解できます。しかし、これは建造物侵入というれっきとした犯罪です。同様に、旭川医大のケースも建造物侵入だろうと言われれば抗弁できないはずです。

48時間の留置はどうでしょうか。私は、警察で取り調べるだけでなく検察の判断を仰ごうとした姿勢は理解できます。そうでないと今度は「メディアに甘い」と旭川医大側から警察が抗議を受ける事態だって想像できたと思います。

ちなみに、もし大学職員でなく警察官が女性記者を見つけたのであれば、逮捕はしなかったのではないでしょうか。現に２０２３年６月23日、長野県内に取材で住居侵入していたところを見つかった朝日新聞カメラマン（52）は書類送検だけで、逮捕されていません。

マスコミは特権階級なのか／報道の自由と取材の自由

問題は、記者個人でなく、北海道新聞社を擁護する声があまり上がらなかったことです。

「報道の自由」とよくいわれますが、これは憲法21条で定められた権利です。

先の新聞労連ら六団体は、旭川医大事件について「『報道の自由』、そしてその精神に照らして『十分尊重に値する』とされてきた『取材の自由』を根拠に活動するメディアの活動を、大学と警察が力づくで抑えようとした不当な行為だったと考えます」と共同アピールを出しています。

「報道の自由」と「取材の自由」はどう違うのでしょうか。

これについては、博多駅テレビフィルム提出命令事件で下された有名な最高裁判決があります。

１９６８年1月16日、福岡市にある博多駅周辺は朝から騒然としていました。長崎県佐世保市に米原子力空母「エンタープライズ」が寄港する計画があり、それを阻止するとして、集まっていた全学連の学生らと機動隊が衝突。学生４人が公務執行妨害容疑で逮捕されたのです。

事件そのものは関係者の無罪判決で終わりましたが、収まらないのは全学連側です。日本社会党と憲法養護国民連合は福岡県警本部長に特別公務員暴行陵虐・職権濫用罪に当たる行為があったとして、告発に踏み切ります。これに対し、福岡地検が警察関係者を不起訴処分としたため、社会党側がさらに付審判請求（不起訴処分に不服がある告訴・告発者が裁判所に対して審判に付することを請求する）を行います。

付審判で福岡地裁は、事件の様子を撮影していたNHKとRKB毎日放送、九州朝日放送、テレビ西日本に対し、撮影したフィルムを提出するよう求めたものの、4社とも拒否しました。さらに4社は「命令が憲法21条に違反する」などとして福岡高裁に抗告。棄却されたため、最高裁に特別抗告したのです。

1969年11月26日、最高裁大法廷は、「報道のための取材の自由も、憲法21条の精神に照らし、十分尊重に値するものといわなければならない」と判示しました。

どういうことでしょうか。報道の自由は憲法の保障の下にあるが、取材の自由は「尊重に値する」ものの、憲法の範疇にはない。つまり、「制約を受けることがある」と結論づけたのです。

そうなると、公共の福祉や公序良俗に反する場合、取材の自由は認められないことになります。

ほかにも北海タイムス事件という、これもまた有名な判例があります。

1953年12月、釧路地裁で行われたある殺人事件の法廷で、北海タイムスの記者が事前の取り決めを破り、公判が始まったあとに被告人の写真を撮影したという事件です。釧路地裁はカメラマンに過料1000円の判決を下したのですが、北海タイムス側が特別抗告し、最終的に最高裁まで争われました。

ここでも最高裁は「取材の自由は無制限ではなく、公判廷における秩序を乱し、被告人らの正当な利益を不当に害することは許されない」と判示しました。

西山太吉さんが亡くなったニュースの報じ方

2023年2月24日、毎日新聞の元記者、西山太吉さんが91歳で亡くなったというニュースが飛び込んできました。

西山さんは1971年、沖縄の返還をめぐり、米国側が負担すべき米軍用地の原状回復補償費400万ドルを日本側が肩代わりするという密約を示唆する機密文書を入手しました。この際、西山さんは事務官の女性と「情を通じて」入手したと起訴状に書かれ、それが一大スキャンダルになったのです。

この事実が世間に知られると、それまで西山さんを擁護していた毎日新聞は窮地に立たされました。裁判で、西山さんが「君には迷惑をかけない」と言っていたのに、それを反故にして関係を消滅させたと女性が証言したこともあり、西山さんに非難が集中しました。

この事件でも報道の自由と取材の自由が争われましたが、最高裁は博多駅フィルム提出命令事件の最高裁判決を持ち出しつつ、以下のように判示しています。

「報道機関が取材の目的で公務員に対し秘密を漏示するようにそそのかしたからといつて、そのことだけで、直ちに当該行為の違法性が推定されるものと解するのは相当ではなく」

つまり、私が捜査関係者に「ネタを教えてください」「容疑者の逮捕がいつなのか教えてください」と言ったとしても、罪には問われないということです。「秘密を漏示するようそそのかす」行為に当たるものの、取材目的、つまり「知る権利に資する」という公益目的であれば正当な業務行為なのです。

たしかにそうでなければ、取材記者はどんな理由で逮捕されるかわかったものではありませんから、当然と言えば当然です。

問題はその次です。

「報道機関といえども、取材に関し他人の権利・自由を不当に侵害することのできる特権を有するものでないことはいうまでもなく、取材の手段・方法が贈賄、脅迫、強要等の一般の刑罰法令に触れる行為を伴う場合は勿論、(中略)刑罰法令に触れないものであつても、取材対象者の個人としての人格の尊厳を著しく蹂躙する等法秩序全体の精神に照らし社会観念上是認することのできない態様のものである場合にも、正当な取材活動の範囲を逸脱し違法性を帯びるものといわなければならない」

つまり、女性に愛情を持っていたわけでもないのに酒食に誘い、かなり強引に関係を持ったこと、文書を入手したあと他人行儀になった態度などを含めて、社会観念上是認できない、違法性を帯びる、と断定しています。

「取材の自由」は尊重されるべきだが、無制限ではなく、他人との権利がぶつかった場合に、法を犯してまでスクープを取る「特権」を裁判所は否定したのです。

西山さん訃報記事で分かれた新聞各社のスタンス

興味深いのは、西山さんが亡くなったことを取り上げたニュースで、この西山さんの取材手法に触れた社があまりなかったことです。やや長くなりますが引用します。

「文書の入手を外務省の女性事務官に頼んだことが、秘密漏洩のそそのかしに当たるとして、国家公務員法違反容疑で事務官とともに逮捕され、74年に毎日新聞社を退社。78年

に最高裁で有罪が確定した。世論の関心は密約よりもスキャンダルに移り、報道のあり方が問われた」（朝日新聞）

「毎日新聞政治部記者だった72年、外務省の女性事務官に沖縄返還での日米密約に関する機密公電の漏えいを働きかけたとして、国家公務員法違反容疑で警視庁に逮捕され、起訴された。東京地裁は74年、無罪判決を言い渡したが高裁で逆転有罪となり、78年に最高裁で確定した」（東京新聞）

「西山さんは、外務省の女性職員をそそのかし、違法に機密文書を入手したとして、国家公務員法違反の罪で逮捕、起訴されました。1審は『取材の目的は正当だった』として無罪を言い渡しましたが、2審では一転して有罪となり、その後、最高裁判所で有罪が確定しました」（ＮＨＫ）

「外務省を担当していた71年、沖縄返還に伴い米国が支払うべき軍用地原状回復補償費400万ドルを、日本が肩代わりする密約を記した電信文を同省の女性事務官から入手、報道した。更に横路孝弘・社会党衆院議員（故人）に懇願され、電信文を提供。横路氏が衆院予算委員会で電信文を暴露したことから72年4月、事務官と共に国家公務員法違反で逮捕、起訴された」（毎日新聞）

どうでしょうか。各社のスタンスが如実に表れています。朝日はかなり踏み込んで「報道のあり方が問われた」と書いていますが、東京新聞、ＮＨＫは西山さんの取材方法には触れていません。「漏えいを働きかけた」「そそのかし」たとだけ書かれています。

西山さんの古巣の毎日新聞に至ってはそれすらなく、横路衆院議員に懇願されたから、やむなく渡したかのようにも読めます。

訃報ですから故人の古傷をえぐることに躊躇する気持ちはわかります。機密文書の入手自体は素晴らしいスクープであって、知る権利に資する大仕事だったと私も思います。しかし、一方で裁判所も指弾した通りの手法で、職を追われた女性がいたわけで、そちらの人権はどうなるのかという議論はあってしかるべきでしょう。

各紙とも「そそのかしたとして」逮捕、起訴されたと書いていますが、そそのかしただけでは有罪にならないのは、最高裁が判示した通りです。

『「正しい』やり方だけでは倒せない巨悪と対峙した時、どうするか。報道の世界には『目的が手段を浄化する』という考え方もあり、西山事件はまさにその一つだったように思います」。西山さん訃報の当日、ある朝日新聞の記者がツイートしました。

目的が手段を浄化するという言葉は寡聞にして知りませんが、この記者の考え方は危険です。誰が巨悪と判断し、誰が「目的が手段を浄化」してもいいと判断をするのか。それはおのずから記者自身、新聞社、テレビ局ということになってしまうからです。

この考え方を認めてしまうと、「報道のためなら他人の権利を侵害してもいい」ということになりかねません。繰り返しますが、だからこそ裁判所は記者に「特権」を与えてはいないのです。

メディアはそのことを肝に銘じながら、取材をしなくてはならないのだと思います。

「逮捕状」のスクープよりも大切なこと

「○○市の殺人事件で市内の男に逮捕状」——。こうしたスクープは、野球選手が本塁打を放つ感覚と似ていて、記者にとっての高揚感は何物にも代えがたいものがあります。

産経新聞のある先輩は、「一番大事なのは、スジだよスジ。スジも抜けない奴が大きな口を叩くなっていうんだよ」とよく吠えていました。私もそう信じて、警視庁担当時代は平均睡眠3時間という、今から考えれば信じられない生活を送っていました。

しかし、そんな自分の価値観を根底からひっくり返されるような事件にぶち当たります。それが1997年11月28日、東京都世田谷区で発生した8歳の男の子の交通事故死です。ひき逃げ事件でした。

「28日午前7時50分ごろ、東京都世田谷区砧1の世田谷通りの交差点で、横断歩道を渡っていた近くの自営業、片山徒有さん（40）の二男で区立砧小学校2年、隼君（8）が建材会社運転手（32）のダンプカーにはねられ死亡。運転手は現場から逃走したが、約40分後、約2キロ離れた路上で業務上過失致死容疑などの現行犯で逮捕された。警視庁成城署の調べでは、運転手は渋滞のため交差点内で停止し、前進した前の車につられて発進した際、右から来た隼君を左後輪ではねた」（『毎日新聞』１９９７年11月28日夕刊社会面）。

ところが、ひき逃げをしたにもかかわらず、東京地検は運転手を不起訴処分にしてしまいます。

母親の章代さんは毎日新聞に手紙を書きます。それを知った記者は両親に会い、取材を開始するのです。

事故の一部始終を目撃していた女性会社員を探し出し、報じます。当時、警視庁の担当記者だった私もその記事を読みました。しかし、日々の抜いた抜かれたで困憊し、被害者を思いやる感情も失っていたのでしょう。さして気にもせず、事故の取材もしませんでした。

毎日新聞の報道で事故が人々の耳目に触れられ、東京第二検察審査会は１９９９年１月27日、不起訴不当の議決をします。

東京高検が再捜査し、運転手を起訴。東京地裁は禁錮２年、執行猶予４年（求刑禁錮２年）の有罪判決を言い渡しました。

それまで検察は、被害者に対して加害者が起訴されたかどうかを教えませんでした。その理由も「話す必要はない」という冷淡なものでした。ただ、隼君事件以降、被害者に起訴・不起訴の結果を知らせる「被害者等通知制度」が導入されました。

1本の記事が社会を動かすことがある

この事件をきっかけに、毎日新聞は連日キャンペーンを打ち、同じように不起訴にされた交通事故が全国にあることを訴えました。担当の江刺正嘉記者は、警視庁生活安全部担当時、私のライバルでした。

生活安全部担当記者は、交通部、地域部も担当しますが、生活安全部に比べると地味な部署であることは否めません。交通捜査課を除けば、ほとんど取材にも行っていませんでした。それにひき逃げ事件は、「逮捕状」などというスクープ合戦になりにくく、あまり熱心に回っていたわけではありませんでした。

江刺記者は私より少し年上で、猫背ぎみ。寡黙で実直を絵に描いたような人でした。正直に吐露すると、それほど事件のスジに強い記者だったわけではなく、当時の私は江刺記者を〝舐めていた〞部分があったことは否めません。

しかし、その後の会見で、可愛らしい笑顔の隼君の遺影を前に、「江刺さんのおかげです」と涙を流していた章代さんの姿を目の当たりにし、大げさではなく、頭を思い切り殴られたような衝撃を受けたのです。

記者になって一度として、取材した相手にこんなに感謝されたことなどあっただろうか。そして、江刺記者が背中を丸めながら黙々と取材し、事故の詳細を掘り起こしていった姿も頭に浮かびました。

被害者の片山隼君。被害者の写真を掲載することの是非、でも少し触れました。本当に人懐こそうなとても愛らしい男の子です。今でも写真を見れば「ああ、あのときの事件の子か」と思い出される方もいると思います。彼の写真と事故の悲惨さが人々の関心をここまで喚起して、社会を、検察を動かしたのだと思っています。

２０００年の新聞協会賞は毎日新聞の「『片山隼君事故』から被害者の権利と支援策の確立を追求し続けた一連の報道」でした。

しかし、江刺記者の記事の最大の意義は、会見で見せた隼君のお母さんの涙に凝縮されていると今でも私は思います（毎日新聞社会部取材班『隼君は８歳だった　ある交通事故死』毎日新聞社)。

【著者紹介】
三枝玄太郎（さいぐさ　げんたろう）
1967年、東京都生まれ。早稲田大学政治経済学部卒業。1991年、産経新聞社入社。静岡支局、東京社会部(警視庁、国税庁、国土交通省などを担当)、大阪社会部(大阪国税局担当)、東北総局次長などを経て、2019年退社。WEB編集チームとしてネット記事制作の専門部署にも在籍した。著書に『十九歳の無念』(角川書店)。現在はYouTube「三枝玄太郎チャンネル」で日々のニュースの解説動画を配信。インターネット番組「文化人放送局」レギュラー出演中。

三度のメシより事件が好きな元新聞記者が教える
事件報道の裏側

2024年5月7日　第1刷発行
2024年6月20日　第2刷発行

著　者――三枝玄太郎
発行者――田北浩章
発行所――東洋経済新報社
〒103-8345　東京都中央区日本橋本石町 1-2-1
電話＝東洋経済コールセンター　03(6386)1040
https://toyokeizai.net/

ＤＴＰ………キャップス
装　丁………橋爪朋世
印　刷………ベクトル印刷
製　本………ナショナル製本
編集担当……髙橋由里

Printed in Japan　ISBN 978-4-492-39675-9